SOLDATENKÖNIGS TAFELFREUDEN

ELISABETH M. KLOOSTERHUIS

Soldatenkönigs Tafelfreuden

DIE TAFELKULTUR AM HOFE
FRIEDRICH WILHELMS I.

BERLIN STORY VERLAG

Deutsche Nationalbibliothek – CIP-Einheitsaufnahme

Kloosterhuis, Elisabeth M.:
Soldatenkönigs Tafelfreuden –
Die Tafelkultur am Hofe Friedrich Wilhelms I.
Unter Mitarbeit von Marina Heilmeyer
1. Auflage – Berlin: Berlin Story Verlag 2009
ISBN 13: 978-3-86855-005-4

Alle Rechte vorbehalten.

© Berlin Story Buchhandlung & Verlag
Unter den Linden 26, 10117 Berlin
Tel.: (030) 20 45 38 42
Fax: (030) 20 45 38 41
www.BerlinStory.de, E-Mail: Service@BerlinStory.de
Umschlag (unter Verwendung des Bildes »Stillleben mit Blumen und Früchten«
von Rachel Ruysch, 1714) und Satz: Norman Bösch

WWW.BERLINSTORY.DE

INHALT

Vorwort 7

Wie Friedrich Wilhelm I. speiste 9

»Es macht eine schöne Schüssel« 33
– Kochen im frühen 18. Jahrhundert –

Auswahl an Lieblingsrezepten Friedrich Wilhelms I. 42
Menübeispiel nach einem
Königlichen Küchenzettel Friedrich Wilhelms I. 46

Rezepte 55
Suppen 56
Pasteten 62
Fisch 69
Fleisch 75
Wild 83
Beilagen 89
Saucen 101
Süßspeisen 107
Erklärende Begriffe 115

Danksagung 117
Quellen – Literatur 118/119
Abbildungsnachweis 122
Anmerkungen – Quellenangaben zu den Zitaten im Haupttext . . 123/124
Register der Rezepte 125

VORWORT

Militärvernarrt, fromm, fleißig und vor allem geizig – diese Eigenschaften verbindet man allgemein mit der Person des »Soldatenkönigs« Friedrich Wilhelm I. (reg. 1713 - 1740).

Entsprechend galten auch seine Hofhaltung und seine Tafel als frugal. Wie auf einem Gutshof wurde im Schloss deftige, märkische Hausmannskost serviert und davon auch nur das Nötigste – soweit die Literatur.

Der König liebte Schweinefleisch auf Sauerkraut und Steckrübensuppe ... aber nicht ausschließlich.

Die Quellen zeigen ein facettenreicheres Bild: Friedrich Wilhelm I. war ein Feinschmecker – ein »Fijnproever«, wie die Niederländer sagen! Dieser Titel hätte dem König gefallen, liebte er doch alles Holländische von Jugend an.

Auf den königlichen Küchenzetteln und Einkaufslisten finden sich zahlreiche besondere Gaumenfreuden, die teilweise von weit her importiert wurden. Dabei achtete Friedrich Wilhelm auf Qualität, aber auch auf den Preis. Keiner konnte so haushalten wie er.

Was der König nicht frisch bekommen konnte, ließ er selbst erzeugen. Lange bevor Friedrich II. in Sanssouci seine Orangerie erbaute, standen in Potsdam, Charlottenburg und Monbijou Gewächshäuser, welche die königliche Tafel ganzjährig mit frischem Obst, exotischen Früchten und Gemüsen versorgten.

Dieses Buch räumt mit den bekannten Vorurteilen auf und zeigt, dass auch am Hof Friedrich Wilhelms I. Gaumengenüsse wie Lebenslust groß geschrieben wurden.

Berlin 2009

Friedrich Wilhelm I.

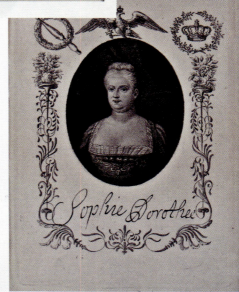

Sophie Dorothee

Wie Friedrich Wilhelm I. speiste

»Die Suppe, die man mir brachte, bestand nur aus Wasser und Salz;
und wenn nach einer anderen verlangt wurde, hieß es,
der König habe gesagt, sie sei gut genug für mich.«[1]

So beschreibt Wilhelmine (1709 - 1758), die älteste Tochter des Soldatenkönigs und spätere Markgräfin von Bayreuth, ihr kulinarisches Leben am väterlichen Hof. Diese Art der Darstellung prägt bis heute das Bild des Preußenkönigs Friedrich Wilhelm I. Er gilt als despotischer Herrscher, der sogar mit dem Essen geizte.[2]

Diese Sichtweise passt keineswegs zu den Küchenzetteln, Abrechnungen und Einkaufslisten der Haushaltung des Soldatenkönigs. Die Quellen belegen vielmehr eine luxuriöse Üppigkeit der königlichen Tafel zu jeder Jahreszeit.

Bei allen lukullischen Köstlichkeiten galt *»eine gute Menage«*[3] als das Lieblingswort Friedrich Wilhelms I., wenn es um seinen persönlichen Haushalt und damit um seinen Speisezettel ging. Dieses Schlagwort stand für Rationalität, Effizienz und Sparsamkeit, ohne auf Annehmlichkeit und Luxus einer königlichen Tafel zu verzichten. Es bedeutete jedoch viel mehr. Friedrich Wilhelm I. setzte *»eine gute Menage«* bewusst als Herrschaftskonzept ein. Es stand in deutlichem Gegensatz zur üblichen Etikette der höfischen Gesellschaft.[4]

Die meisten europäischen Herrscher orientierten sich am prachtvollen französischen Hof in Versailles unter Sonnenkönig Ludwig XIV. (reg. 1661 - 1715). Die höfische Kultur des Zeitalters war bestimmt von einer genau geregelten zeremoniellen und repräsentativen Etikette, die farbenprächtig in Szene gesetzt wurde.[5] Dabei stand die Leitfunktion des Hofes auch für eine bestimmte Ordnung im Inneren der Staaten. Höfische Kultur und dynastische Selbstdarstellung bildeten eine Einheit.[6] Der Glanz der königlichen Tafel sollte dies im Besonderen widerspiegeln.

»Weil ich weggehe sollet Holvedell [Oberküchenmeister] alle Mittag 5 Eßen des Abends 4 Eßen vor mein Sohn [Friedrich II.] machen, wenn er zu Gaste gehet ist meine Ordre, gute Menage. Friedrich Wilhelm.«[i]

Üppige Mahlzeiten und deren Vielfalt galten daher nicht als Verschwendung oder Luxus. Sie waren vielmehr Bestandteil absolutistischer Politik.[7] Mittels festlicher Tafeln und zahlreicher Gänge bemühte man sich darum, hochgestellten Persönlichkeiten Ehrerbietung zu erweisen und die Öffentlichkeit zu beeindrucken. Hier fand der Wohlstand des Landes Ausdruck, auch wenn die allgemeine Bevölkerung weniger üppig lebte. Aus eigenen Beständen erzeugtes Fleisch, Fisch und Wildbret galten besonders hergerichtet als Höhepunkt aller barocken Schauessen, ebenso wie weißes Brot. Zum Mittelpunkt einer jeden Tafel gehörten neben großen Bratenstücken ganze Tierköpfe oder gebratenes Geflügel mit neu kreiertem Federkleid, die auf Platten aufgesetzt wurden.[8]

Kein Detail des höfischen Zeremoniells überließ man dem Zufall. Essen wie silbernes, goldenes Geschirr oder später Porzellan spiegelten den Machtfaktor absolutistischer Staatsrepräsentation. Alle Tafeleien wurden als theatrum tavolae inszeniert. Sie galten als Gesamtkunstwerke zur Befriedigung der Sinne. Die einzelnen Gänge bildeten die Akte, die Speisen die Szenen.[9]

»In Versailles ist alles von vorneherein festgelegt, gezwungener und unfreier, als dem ursprünglichen Geist dieses Volkes angemessen ist; sogar die gesellschaftlichen Unterhaltungen und die häufigen Feste, die der König den vornehmsten Damen des Hofes gibt, stellen um so weniger eine besondere Annehmlichkeit dar, als sie streng geregelt sind und stets der Zwang der Etikette herrscht.«[11]

In Preußen legte man großen Wert darauf, unter Standesgenossen als Königtum wahrgenommen zu werden. Dazu war es unverzichtbar, optischer Sinnlichkeit und höfischer Pracht besondere Aufmerksamkeit zu schenken. Friedrich I. (reg. 1688 - 1713), der erste Preußenkönig, lebte daher ganz in der französischen Tradition des Hofes von Versailles. Er gab für Feste und Speisen Unsummen aus, um sein neues Königreich im Konzert der europäischen Großmächte standesgemäß zu repräsentieren.[10]

Sein Sohn Friedrich Wilhelm lehnte das gezierte Auftreten seines Vaters und das von ihm geschätzte barocke Zeremonialwesen schon als Kronprinz ab. Diese Haltung bedeutete jedoch nicht zwangsläufig einen Bruch mit den höfischen Traditionen.

Ein Monarch musste sich nicht um jeden Preis dem Geschmack der Zeit beugen, um angemessen in der Fürstenwelt zu repräsentieren. Es blieb ein erheblicher Spielraum zur Ausgestaltung seines Herrschaftsstils. Ziel musste es sein, die Einzigartigkeit seines Hauses darzustellen. Die reichhaltige

Bankett anlässlich der Krönung Friedrichs I. in Königsberg, 1701

Residenzenlandschaft in und um Berlin bildete eine großflächige Bühne, auf der königliche Herrschaft mit unterschiedlichen Mitteln öffentlich inszeniert wurde. Familienfeste, fürstliche Besuche und jährlich wiederkehrende Revuen ermöglichten, das gewünschte königliche Bild zu zeigen.

Die Regierungsart des Soldatenkönigs kann als damals einzigartig in Europa gesehen werden. Er galt als »Revolutionär auf dem Thron«.[11] Friedrich Wilhelm verlieh seinem Hof eine unverwechselbare Note und setzte sich damit erfolgreich von dem benachbarten, gleichermaßen glänzenden wie »schrillen« Dresdener Hof Augusts des Starken (1670 - 1733) ab, der sich ganz am Versailler Vorbild orientierte.[12]

»Des Abends war Bal, und ein prächtiges Festin bey Hofe.«[iii]

Dazu griff er auf die kulturelle Hinterlassenschaft seiner Vorfahren zurück, um die Bedeutung seiner Monarchie zu zeigen.[13] Die Reise des Kronprinzen nach Holland 1704/05 legte den Grundstein für das Selbstverständnis des Soldatenkönigs. Friedrich Wilhelm sah in seiner Begeisterung für die Niederlande ein Erbe seines Großvaters, des Großen Kurfürsten (reg. 1640 - 1688). Mehr noch als die Familienbeziehungen zu den Oraniern, hatte die holländische Kultur auf ihn eingewirkt. Sie wurde für Friedrich Wilhelm zum Symbol des Gegensatzes zu den heimischen Verhältnissen, der dortigen höfischen Barockkultur. Im Gegenzug zu den kulturell bestimmenden katholisch-französischen Kräften, die Europas

Höfe beherrschten, gab es nur einen Ausstrahlungspunkt protestantischer Kultur, die Niederlande. Die ständisch-republikanische Struktur, wie sie aus den Glaubens- und Freiheitskämpfen gegen Spanien um 1600 hervorgegangen war, hatte nichts höfisch-aristokratisches. Holland war protestantisch, bürgerlich und intim geprägt.

Von dieser unhöfischen Bürger- und Händlerkultur übernahm der junge König viel – Häuser, Kanäle und Brücken im wasserreichen Potsdam, soziale Einrichtungen und die Beschäftigung mit der Ölmalerei.[14]

Als Friedrich I. starb und sein Sohn am 20. Mai 1713 die Regentschaft übernahm, stand Preußen am Rande des finanziellen Ruins. Friedrich Wilhelm musste handeln, um nicht wie die spanischen Könige in diversen Staatsbankrotten zu enden.

Der junge König sanierte innerhalb weniger Jahre den Staatshaushalt und förderte die wirtschaftliche Eigenständigkeit seines Landes mit Hilfe zahlreicher merkantilistischer Maßnahmen. Immer wieder schärfte er den Mitarbeitern des 1723 geschaffenen Generaldirektoriums ein, neue Woll-, Eisen-, Holz- und Lederwarenmanufakturen zu etablieren. Gleichzeitig sollten ausländische Handelserzeugnisse ferngehalten und dadurch eine eigene Produktion von gleicher Qualität erreicht werden.[15] Der König kümmerte sich persönlich um die Peuplierung des Landes, den Städte- und Straßenbau, die Landwirtschaft sowie die Tabak- und Seidenindustrie. Für die Etablierung dieser Gewerbezweige ließ er extra Facharbeiter aus Holland kommen.[16]

Seine Mustermilchwirtschaft nach holländischem Vorbild in Königshorst brachte ihm ein jährliches Plus von 14 000 Talern ein. Sie wurde zum unentbehrlichen Zulieferer des Butter- und Käsehandels für die Residenzstädte Berlin und Potsdam.[17]

Bezüglich »*einer guten Menage*« ging Friedrich Wilhelm I. in seinem privaten Umfeld mit gutem Beispiel voran. Vor allem aus seinem pietistischen Glaubensverständnis heraus, pochte er auf die Vorbildfunktion seiner Familie. Persönlich lebte er weiter, wie er es aus seiner Kronprinzenzeit gewohnt war.[18]

Jagdschloss Stern, Großer Saal

Er kleidete sich ohne jeglichen barocken Pomp. Seine Jagdschlösser sowie sein Lieblingsdomizil in Wusterhausen waren zum Teil im holländischen Stil gehalten, mit hellen Dielen und schlichten Holzmöbeln.

Sein königliches Regiment über Preußen fasste er schlicht und hausväterlich auf, sehr zum Schmerz seiner Gattin Sophie Dorothea, der Tochter des englischen Königs Georg I. (reg. 1714 - 1727). Sie wünschte sich allzeit mehr Luxus und höfischen Glanz.

Die schlichte Hofhaltung Friedrich Wilhelms I. spiegelte sich auch in seiner Tischkultur wider. Er bemühte sich darum, dass alles in seinem Haushalt ordentlich, reinlich und gediegen erschien. Dabei achtete er auf Sparsamkeit. Der König war kein Geizhals, auch wenn ihm dies von der zeitgenössischen Propaganda vorgehalten wurde, nur kein Verschwender. Er gab nie mehr aus, als er einnahm!

In die Reformen des Staatshaushaltes bettete der König die eigene Hofhaltung ein. Das alte Abrechnungssystem, in dem die Hofämter Küche, Kellnerei, Konditorei, Silber-, Licht- und Livréekammer durch- und miteinander aufgeführt waren, wurde 1725 abgeschafft. Jedes Hofamt

Ja ich will, gleich allhier, auch noch dieses sagen: Daß die Netetté und Propreté gleichsam die Seele und das Leben am Königlichen Preußischen Hofe ist; obgleich übermäßige Pracht von demselben verbannt [ist].[1]

legte schließlich seine eigenen Rechnungen vor und fügte sämtliche Belege bei. Auf diese Weise gewann der König einen klaren Überblick über die Ausgaben und sah, wo gespart werden konnte.[19]

Solch scharfe Maßnahmen veranlasste Friedrich Wilhelm nicht ohne Grund. Gerade das königliche Küchenpersonal hatte sich unter seinem Vater, Friedrich I., in reichem Maße Profite ergattert. Fast täglich waren ganze Braten, Pasteten und Torten aus dem Schloss in die Stadt geschafft und verkauft worden.[20]

So kontrollierte der König die Ausgaben seines Haushalts genau. Entsprechend hatten seine Hofchargen wenig freie Hand. Selbst kleinste Fragen galt es dem König zur Entscheidung vorzulegen. Auch die Küchenrechnungen sah er selbst durch und machte Randverfügungen. Über den Speisenverbrauch mussten exakte Aufstellungen eingereicht werden. Dabei hatte jeder einzelne Koch die ihm ausgehändigten Waren zu quittieren. Nachzuweisen galt es ferner, wo das von der Tafel übriggebliebene Essen verblieb. Regelmäßig verzeichnete die Küche so viele Reste, dass davon 8 bis 12 Rekruten und 24 bis 30 malade Soldaten versorgt werden konnten. Sie sind als Empfänger in den Tageszetteln genannt. Der König empfand diese Maßnahme als selbstverständliche Christenpflicht.[21] Weiterverkauf von Lebensmitteln, wie zu seines Vaters Zeiten üblich, untersagte er streng.

Noch heute existieren Listen über die Ausgaben. Sie blieben während der gesamten Regierungszeit Friedrich Wilhelms I. weitgehend konstant. Täglich standen der Hofküche 93 Taler zur Verfügung, die jedoch selten verbraucht wurden. So konnte man das restliche Geld für Galadiners und hohe Feiertage sparen. Die Preise waren damals niedrig, entsprechend handelte es sich um eine reichlich bemessene Summe. So kostete vergleichsweise 1 Pfund Fleisch etwa 13 Pfennig, 1 fettes Huhn zwischen 6 und 8 Groschen.[22]

Als Faible Friedrich Wilhelms I. galten die sogenannten »Küchenzettel«. Dabei handelte es sich um Verzeichnisse der Speisen in der Reihenfolge, in der sie auf den Tisch kamen. Sie repräsentierten den Situationsplan oder richtiger die »*Ordre de bataille*« des Mahles, die der Gast kennen sollte, wenn er nicht in geschmacklicher Unsicherheit die dem Ganzen zugrundeliegende höhere Idee übersehen wollte und »*durch unzweckmäßige Manöver den Erfolg der köstlichen Gerichte gefährdete*«.[23]

Der Speisen-Tageszettel wurde vom Küchenschreiber aufgestellt, vom maitre d'hotel mit unterschrieben und vom Oberküchenmeister gegengezeichnet, bevor er dem König vorgelegt wurde. Friedrich Wilhelm hatte seine Freude daran, selbst zu entscheiden, was es am kommenden Tag zu Essen geben sollte und änderte gelegentlich die eine oder andere Vorgabe.[24]

Ein sogenanntes einfaches Mittagessen ist etwa für den 29. April 1731 überliefert, von welchem der sächsische Kammerherr Ernst Christoph Graf von Manteuffel (1676 - 1749) einen Tag später in einem Brief an Minister Friedrich Wilhelm von Grumbkow (1678 - 1739) ausführlich berichtete:

»*Man war soeben von der Jagd gekommen, und Friedrich Wilhelm schmunzelte über das ganze Gesicht: er hatte einen Hasen, einen Fasan und elf Rebhühner geschossen. Er schüttelte Manteuffel kräftig die Hand, entschuldigte sich für das einfache Essen, mit dem sie sich begnügen müssten, und lief ins Gutshaus, wo er sich gründlich wusch und neue Kleider anlegte. Dann ging es gemeinsam in den Speisesaal, an einen blankgescheuerten viereckigen Holztisch, auf dem Silbergeschirr mit dem Monogramm des Königs stand, zu dem ländliche Bestecke aus Horn und Holz recht eigenartig kontrastierten. ›Hört mal, Kinderchens‹, rief der König, sich an den Tisch setzend, ›Ihr müßt vorlieb nehmen!‹ Friedrich Wilhelm band sich eine blütenweiße Serviette vor die Brust, und sogleich erschienen riesige Schüsseln mit Erbsen und Rauchfleisch sowie mit Karpfen in Kirschsauce. Buddenbrock brachte aus einem gewaltigen Humpen einen Toast auf den König aus. Friedrich Wilhelm gab schmunzelnd Bescheid, dann hieben alle tapfer ein. Nach den herzhaften ›Vorgerichten‹ kamen große Platten mit Rindfleisch, gebratenem Hasen, Fasanen, Birk- und Rebhühnern auf den Tisch. Dazu gab es Rheinwein, und der König brachte einen Toast auf alle braven Officiere aus. Die Stimmung bei Tisch war die allerfröhlichste.*«[25]

Selbst bei der königlichen Alltagstafel fanden sich selten weniger als 30 Personen ein. Der Mittagstisch wurde regelmäßig für 12 Uhr gedeckt. In Berlin richtete man neben der königlichen Tafel separate Gedecke für die Marschälle. Diese fielen in Potsdam gewöhnlich fort. Dafür fand hier seit 1731 eine Offizierstafel für 18 Personen statt, an der Suppe, Fleisch, Braten und Gemüse gereicht wurden.²⁶

Des Abends pflegen Ihro Majestät der König, ordentlich nicht zu speisen; Sie müßten sich denn außen vor Potsdam in Dero Küchen-Garten befinden, zu welcher Zeit allemal verschiedene Gerichte, Fische, Krebse, Spargel, Gebratenes, Schinken, geräucherte Zungen, Braunschweiger-Würste, Sallat, Käse und Butter vorhanden.ᵛ

Mit Kostbarkeiten ging man sparsam um. Dazu rechnete der König Delikatessen, besonders Konfekt. Während als Nachtisch Obst, Bisquits und Zuckerbrot fast täglich auf dem Tisch der Königin und der königlichen Kinder standen, war Konfekt verpönt. Dies gab es nur bei festlichen Gelegenheiten. Für die süßen Köstlichkeiten sorgte ein eigener Konditor, der neben seinem Gehalt von 200 Talern für die Verzierung der Tafel und die Beschaffung von Konfektkörben extra entlohnt wurde.²⁷

Feudale Feste wurden auch bei Friedrich Wilhelm gefeiert. Vor allem bei Staatsbesuchen und Hochzeiten scheute man keine Kosten und Mühen. In der Regel richtete der König mehrtägige Feste mit Staatsbanketten, Bällen, Feuerwerken und Illuminationen à la mode aus; so beim Staatsbesuch Zar Peters des Großen 1717, Augusts des Starken 1728 oder des englischen Königs Georg II. (reg. 1727 - 1760) 1730. Allein bei der Hochzeit von Prinzessin Wilhemine 1731 waren im Stadtschloss gleichzeitig sechs verschiedene Tafeln in unterschiedlichen Räumen gedeckt.²⁸

Hierauf erlangten Ihro Majestät der König von Polen am 26. Mai [1728] zu Potsdam an, woselbst Sie auf das prächtigste empfangen, bewirthet und divertiret worden.ᵛⁱ

Bei Festlichkeiten ordnete der König seinen Sparsinn den Repräsentationszwecken unter und trumpfte als Gastgeber auf. Zu keiner anderen Zeit stand das Berliner Stadtschloss so im Mittelpunkt des höfischen Lebens wie unter Friedrich Wilhelm I.²⁹

Am Berliner Hof gab es zwar keine kostspieligen Opern- und Musikaufführungen, Ritterspiele oder Ballette. Dafür setzte der König auf üppige Festtafeln und Tanzvergnügen. Das waren die besten Gelegenheiten, im Schein der Kerzen den Glanz des königlichen Silbers zur Schau zu stellen. Fremde Fürsten waren überrascht, soviel Gold und Silber auf der königlichen Tafel und in den Gemächern zu finden. Der König liebte sil-

Silbernes Tafelgeschirr aus dem Berliner Stadtschloss, jetzt Kunstgewerbemuseum Schloss Köpenick

Empfang Augusts des Starken im Berliner Schloss, 1728

bernes und goldenes Tafelgeschirr und beschenkte seine Gattin über Jahre damit, die so zu einer der eindrucksvollsten Sammlungen in ganz Europa gelangte und nebenbei einen beachtlichen Staatsschatz anhäufte.[30]

Für Gäste inszenierte der König regelmäßig glanzvolle militärische Paraden und Manöver. Die wehenden Fahnen, Hoboisten, »Mohrenpfeiffer« und bunten Röcke blieben ebenfalls nicht ohne lebhafte Wirkung.

Zu solchen Stunden nehmen Ihro Majestät der König auch wohl das Vergnügen, selber eine Schüssel Sallat mit dero eignen Händen zu machen, und dieses geschiehet auf eine solche Art, daß man mit dem größten Appetit davon essen muß.[viii]

Friedrich Wilhelm hielt sich, je nach Jahreszeit, vorwiegend in einem seiner Schlösser auf. Im Winter residierte er von Dezember bis Ostern im Berliner Stadtschloss, um dann nach Potsdam überzusiedeln. In Berlin erlebte er Karneval und Fastenzeit, die Manöver im sommerlichen Potsdam. Den Herbst verbrachte er üblicherweise in Wusterhausen zur Jagd.

Darüber hinaus pendelte der König auch kurzfristig zwischen den einzelnen Schlössern, wenn es die Regierungsgeschäfte erforderten, so dass er sich oft nur wenige Tage an einem Ort aufhielt. Die Familie, zu der der König immer wieder zurückkehrte, blieb in den jahreszeitlich vorgesehenen Residenzen.[31]

War der König allein in Potsdam, so nahm er abends keine besondere Tafel ein, sondern aß in der Kammer oder im Tabakskollegium. Meist standen dann ein kalter Kälberbraten von 10 bis 20 Pfund, dazu ein Pfund Horstbutter und Brot bereit. Manchmal gab es auch Bücklinge mit brauner Butter, Butterbrote und bunten Salat. Die Königin unterhielt währenddessen einen intimen Barockhof in Monbijou.[32]

In seiner freien Zeit versuchte Friedrich Wilhelm die Abende ohne höfische Etikette zu genießen. Der König pflegte, wenn es die zeitliche und gesundheitliche Situation ermöglichte, abends den gedanklichen Austausch mit Ministern, Generälen und Diplomaten in seinem berühmten Tabakskollegium. Dieses Tabakskollegium war ein Ort jenseits von Etikette und Herkommen. Der König gestattete hier im kleinen Kreis Formen moderner Öffentlichkeit, in dem der Landesherr das freie Wort nicht nur ermöglichte, sondern sogar verlangte. *»In der Unterhaltung ward niemand irgend ein Zwang auferlegt, nur duldete der König nicht, dass leise gesprochen wurde.«*[33] Dass gelegentlich mit den Gästen oder »lustigen

Räten« derbe Späße getrieben wurden, gehörte zum karikierenden Spiel mit dem sinnentleerten Hofzeremoniell.

Aus dem gleichen Grund, weniger wegen seines sprichwörtlichen Geizes, suchte der König auch privat die Öffentlichkeit, besuchte Gasthäuser oder ließ sich von Mitgliedern des Tabakskollegiums wie Generalfeldmarschall von Grumbkow oder Potsdamer Offizieren einladen.

Als Besonderheit galten die sommerlichen Gartenfeste in Potsdam. Im Kreise seiner Freunde und Offiziere genoss der König den Abend weitgehend ohne Etikette. Dabei pflegte man sich des Abends im Potsdamer Küchengarten zu versammeln, wo der König gern selbst Salat anrichtete.[34]

Landläufig bekannte Lieblingsgerichte des Königs waren weißer Kohl mit Rind- oder Schweinefleisch und Grünkohl mit Schinken. Insgesamt

Zwei Kettenflaschen, Berlin 17. Jh.

Königliches Tabakskollegium

gestaltete sich sein Speiseplan jedoch weitaus vielfältiger, als man auf den ersten Blick vermutet. So favorisierte er Froschschenkel und Austern, wovon er Unmengen zu sich nehmen konnte. Gelegentlich schickte ihm die Königin 100 Austern an die Abendtafel. Er aß sie in ihrem Wasser, ohne Zitrone.[35]

Der für den König zusammengestellte Speiseplan, nach Monaten des Jahres eingeteilt, verrät, was der König gern auf seiner Tafel sah. Mit 35 verschiedenen Suppen, unterschiedlichen »*Fricasseen und Hacheen*«, 40 Ragouts, Fischgerichten und Wildbret sowie zahlreichen Pastetenvariationen, mit erlesenen Weinen ging es sehr standesgemäß zu.[36]

Ich habe auch dieses gesehen, daß Ihro Majestät der König einstmals des Abends wohl hundert frische und rohe Austern gegessen. Diese Austern schickten Ihnen Ihro Majestät die Königin durch einen Pagen in dero Abend-Gesellschafft.[viii]

Als optischen Mittelpunkt der königlichen Tafel nutzte man eine silberne Plat-Ménage, bestückt mit Essig und Baumöl, Salz und Pfeffer sowie Zucker, alles in silbernen Büchsen. Zur Dekoration diente ein üppiger Aufsatz, der, jahreszeitlich geschmückt, optischen Anreiz schuf. Im Herbst und Winter waren es meist Zitronen, Pomeranzen und andere Früchte. Im Frühjahr und Sommer arrangierte man duftende Blumenbouquets.[37]

Weiterhin standen jeweils zwei silberne Schüsseln mit Deckeln auf der königlichen Tafel, worin sich die Suppe befand. Nach der Suppe wurden erneut zwei Schüsseln aufgetragen mit großen Stücken gekochten Fleisches. Nach diesen kamen wieder zwei Schüsseln, in denen etwa ein Schinken, eine geräucherte Gans oder geräucherte Würste mit Kohl lagen. Auf diese folgte eine große Schüssel mit frischem Lachs, Karpfen, Hecht oder anderen Seefischen. Dann servierte man eine Pastete oder Torte, anschließend ein Ragout verbunden mit einem Nebengericht wie Gemüse, Salat, Käse oder italienischen Makkaroni, die Friedrich Wilhelm besonders liebte. Zwischen Ostern und Pfingsten wurden regelmäßig Krebse oder gebackene Frösche gereicht, die der König ebenfalls goutierte. In der Fastenzeit gab es täglich große, frisch gebackene Brezeln mit Butter.[38]

Ferner folget eine grosse Pastete oder ein Tourte; dann ein Ragout und sonst noch ein Neben-Gerichte; Spargel oder Gebratenes, manchmal von zwey und dreyerley Sorten, Sallate, Butter und herrlicher Käse.[ix]

Das ganze Jahr stand Obst zum Nachtisch bereit, meist Äpfel und Birnen, im Herbst in Wusterhausen auch Trauben und Pfirsiche. Neben Obst sah der Speiseplan Mandeltorte, verschiedene Puddings und Kuchen oder gebackene Waffeln mit Kirschen vor.[39]

Auch die Getränke erschienen einer königlichen Tafel angemessen. Bei einem Essen von etwa zwei Stunden Dauer trank man pro Person

Gläserne Trinkpokale

etwa eine Flasche Wein. Nach dem Essen folgte pro Person etwa eine halbe Flasche Ungarwein (Tokajer). Bei den Jagddiners wurde schärfer getrunken. Vor allem die Gesandten mussten mithalten. Einen Rekord im Trinken vollbrachte der britische Baronet Stanhope († 1756). Bei dem ihm zu Ehren gegebenen Abschiedsmahl nahm er acht Flaschen Tokajer zu sich und machte der Königin danach noch seinen Anstandsbesuch.[40]

Der König trank selten übermäßig, konnte jedoch viel vertragen. In späteren Jahren musste er aus Gesundheitsgründen den Weingenuss einschränken. Dann wurden Selters, Pyrmonter oder Karlsbader Wasser getrunken, wovon mehr als 1000 Krüge im königlichen Keller lagerten.[41]

Friedrich Wilhelm I. galt als Weinkenner. Die ihm empfohlenen Weine kostete er selbst, sofern sie nicht von seinem Kellermeister Alberdahl, auf dessen Zunge er sich verlassen konnte, vorher probiert und für gut befunden wurden. Insgesamt bevorzugte der König milden Mosel- und Rheinwein, dazu Tokajer. Am liebsten war ihm drei Jahre alter Muskatellerwein, der aber nicht moussieren (perlen) durfte.[42]

Unter allen Weinen Europas hat der Rhein-Wein wegen seiner fuertrefflichen Würckung den Vorzug.[r]

Die Hofkellnerei verfügte über eine reiche Auswahl an geistigen Getränken. Neben den bereits genannten Rhein- und Moselweinen kamen auch Frontignac, Neuchâteler und Tiroler Wein auf den Tisch, ebenso Rotweine wie Pontac oder Burgunder. Aber auch Champagner, Palmwein, Madeira, Arak, l'Eau Barbardos (Rum) oder Wacholderbranntwein waren vorrätig.

Das von Friedrich Wilhelm gern konsumierte Bier bezeichnete er als *»ordinäres Getränk«*. Dies war nicht abschätzig gemeint. Es bedeutete lediglich Alltagstrunk. Anfangs bevorzugte der König englisches, dann wandte er sich dem Genuss des schwedischen Bieres zu. Auch Bier aus Nimwegen wurde verköstigt. Später kam Ducksteiner aus dem Braunschweigischen oder auch selbstgebrautes Bier wie Broihahn aus Perleberg (Weißbier), Moll aus Köpenick oder Potsdam hinzu, welchen zum Teil schwedische Rezepte zugrunde lagen. Kriegskommissar Christoph Schietmann, der die Bierversorgung des Hofes zwischen 1724 und 1739 inne hatte, lieferte allein pro Jahr 27 Tonnen Braunbier.[43]

Der König verlangte bei den Zutaten für seine Tafel höchste Qualität. Alles, was in der Hofküche verarbeitet wurde, musste »*propre und gut*« sein. Entsprechend überwachte er auch den Anbau der Früchte und Gemüse auf seinen eigenen Ländereien.

An ungarischen Weinen haben Ihro Majestät der König von Preussen ebenfalls einen grossen Vorrath.[31]

So gab er etwa 1738 dem Kapitän Adrian Karl von Hoffstedt vom Königsregiment genaue Anweisungen, wieviele Apfel-, Kirsch- und Birnbäume in und um Potsdam gepflanzt werden sollten. Dabei wusste er genau darüber Bescheid, welche Sorten als besonders resistent und schmackhaft galten. Da bei Friedrich Wilhelm nichts verschwendet wurde, fanden auch die alten Bäume einen neuen Platz. Sie wurden am Weg vom Garten zur Stadt neu gepflanzt und damit eine ganze Allee aus Obstbäumen angelegt. In den königlichen Küchengärten in Potsdam, Charlottenburg und Monbijou befanden sich Gewächshäuser, in denen der König mit großer Begeisterung exotische Früchte, sogar Ananas, züchten ließ.[44]

Obwohl der König darauf bedacht war, sich überwiegend autark mit frischem Obst und Gemüse zu versorgen, die regelmäßig in Holzfässern an den Hof geliefert wurden, reichten seine Anbauten aus den königlichen Küchengärten für die königliche Tafel bei weitem nicht aus. Die Lebensmittel wurden großenteils aus Berlin und dem Umland bezogen, das Fleisch von den Stadtschlächtern, das Wildbret von der Jägerei.

Zudem verfügte Friedrich Wilhelm über einen erlesenen Geschmack. Vor allem Südfrüchte wie Limonen, Zitronen und Orangen hatten es ihm angetan. In späteren Jahren aß er sie auch aus gesundheitlichen Gründen gegen seine Gicht. Die in Berlin ansässigen italienischen Kaufleute Martino Sartorio sowie Pietro und Antonio Caproni versorgten die Hofküche mit Südfrüchten und italienischen Spezialitäten. Darunter befanden sich Senf, Oliven, Pistazien, Makkaroni, Parmesankäse, Sardellen, Maroni, verschiedene Öle, Pinienkerne, Datteln, Kapern, Trüffel sowie kistenweise Zitronen und Apfelsinen. Neben den oben genannten Viktualien wurde außerdem Orangenwasser für die königliche Tafel, »*veritabler Kaviar*« sowie der vom König besonders geschätzte Limburger Käse geliefert.[45]

Die Hugenotten hatten bereits im 17. Jahrhundert Gemüse wie Salat, Blumenkohl, grüne Erbsen, Gurken und Spargel in Berlin und Brandenburg heimisch gemacht. Viele lebten vom Gemüseanbau. So belieferte etwa um 1720 Christoph Späth mit seiner Blumen- und Gemüsegärtnerei am Hallischen Tor zahlreiche Berliner Haushalte und den Königlichen Hof.[46]

Vom Kaufmann Wolff in Hamburg bezog der Hof Kapaune, Seebutten, Kabeljau, frische Austern und Lachs. Westfälischer Schinken kam aus Velhagen bei Bielefeld; Fische wie Hechte, Karpfen, Bleie, Barsche, Laberhahn wurden vom Fischschreiber Rosum aus den Seen des Umlandes geliefert. Auch die königlichen Ämter steuerten Viktualien zur herrschaftlichen Tafel bei. So schickte Lehnin Hühner, Tangermünde Neunaugen. Die Meierei zu Königshorst hatte für Butter, Schafskäse und Canterkäse zu sorgen. Jährlich lieferten sie außerdem vier Ochsen.[47]

Zu den meisten Mahlzeiten wurden kleine Weißbrotstangen, auch feines »Franzosenbrot« genannt, gereicht.[48] Kartoffeln als Beilage kannte die königliche Küche in der ersten Häfte des 18. Jahrhunderts noch nicht. In den Küchengärten waren sie lediglich als hübsch blühende Pflanzen zu bewundern.

Das Trincken bey der Königlichen Tafel betreffende, so trincket gemeiniglich ein jedweder so viel Bier und Wein als er beliebet.[xii]

Der König erhielt reichlich Lebensmittel-Präsente, die von vornehmen Personen bei Hofe eingingen. In der Woche vom 17. bis 23. April 1728 wurden etwa sieben Birkhühner, 17 Forellen, zwei Dutzend Heringe, zwei Auerhähne, ein Schinken, drei Schüsseln Stör, ein Viertel Lachs sowie zwei Büchsen Flickheringe verzeichnet. Die Magistrate von Magdeburg, Minden und Wesel wetteiferten miteinander, den König mit Lachsen zu erfreuen. Die auswärtigen Gesandten und Residenten versorgten die Tafel ebenfalls mit allerlei Delikatessen wie Taschenkrebsen, Kabeljau, geräucherten Heringen, Austern und dergleichen. Nicht vergessen seien des Königs Freunde Leopold von Anhalt-Dessau (1676 - 1747) und der Graf Kurt Christopher von Schwerin (1684 - 1757), mit denen Friedrich Wilhelm einen regen Lebensmittelaustausch unterhielt.[49]

Anhand der noch vorhandenen Einkauflisten und Küchenzettel kann man genau rekonstruieren, welche frischen Gartengewächse und Kräuter der König einkaufen ließ. Auch hier reichte die Eigenproduktion offenbar nicht aus und es mussten Lebensmittel außerhalb der Saison für Galadiners beschafft werden. Hierfür hatte die Hofverwaltung über lange Jahre einen »Contract« mit dem Hugenotten Paul Joullage abgeschlossen.[50]

Neben den obligatorischen Zitronen, wovon der König sowohl zum direkten Verzehr als auch für die Hofküche mehrere hundert Kisten pro Jahr einkaufte, lieferte Joullage anderes Obst wie Aprikosen, Pflaumen, Pfirsiche, Erd- und Himbeeren, Johannis- und Stachelbeeren, aber auch Kürbisse und Melonen, Hagebutten, Äpfel, Zuckerbirnen, Granatäpfel, Mandeln und Pflaumen. Die Vielfalt der Gemüse ließ ebenfalls nichts zu wünschen übrig. Neben Mohrrüben, Hopfen, weißen Rüben, Spargel und Radieschen kamen Champignons, frische und eingeweckte Waldpilze oder Pfifferlinge,

Große Münzkanne von Liebekühn d. Ä., nach 1719, Höhe 85 cm, Fassungsvermögen 135 l, Schloss Königs Wusterhausen

grüne Erbsen und Zuckerschoten, Saubohnen, Porree und Spinat auf den Tisch. Hirse und Hafer stand für Brei zur Verfügung, Gurken aß man eingemacht und frisch, Artischocken, Sauerampfer, Endivien- und Kopfsalat sowohl frisch wie blanchiert. Die Liste der Gartenkräuter findet sich noch heute in den meisten Haushalten. Dazu zählten Petersilie, Brunnenkresse, Majoran, Pfefferkraut, Basilikum, Salbei, Lorbeer, Estragon, Lauchzwiebeln, Schnittlauch, Knoblauch, Dill, aber auch Safran und sogar Flieder.[51]

Die Korrespondenzen des Königs mit den Gesandten hatten nicht selten auch die Beschaffung von Delikatessen zum Gegenstand. Es ist erstaunlich, um welche Einzelheiten sich der König selbst kümmerte. Dabei ging es vor allem um die Verpackung, welche die Lebensmittel lange frisch

Hirschjagd bei Königs Wusterhausen, Ölgemälde Schloss Königs Wusterhausen

halten sollten. Chesterkäse umschloss man mit Blei, Schweinsköpfe galt es auf Stroh zu betten. Besonders englische und Hamburgische Austern fanden vor den königlichen Augen Gnade und mussten auf Eis transportiert werden. Auch mit Lieferproblemen von westfälischem Schinken, italienischen Trüffeln, Kaviar und Stör kannte sich Friedrich Wilhelm aus. Sein Resident in Amsterdam musste ihm »Töpfe mit indianischen Pommeranzen in Zucker eingemacht« schicken. Aus Thorn kam Sauerkraut auf seine Tafel. Der König aß gern Schafskäse, süßen Milchkäse, Chester- und Canter-Käse zur Abendtafel.[52]

Friedrich Wilhelm liebte wie die meisten Herrscher seiner Zeit die Jagd. Sowohl im Frühjahr als auch im Herbst nutzte er manche Gelegen-

Ist eine gute Jagd gewesen, und der Hirsch gefangen, Bruch aufgestecket worden, wird an der Königlichen Tafel gemeiniglich wacker herum getrunken.[xiii]

heit zur Reiherbeize, Rebhuhn- oder Parforce-Jagd.[53] Dann durchstreifte er die großen Reviere um Potsdam und Wusterhausen.[54] Auch üblicherweise in Schlingen gefangene Krammetsvögel standen regelmäßig auf der Speisekarte des Soldatenkönigs.[55]

Zeitlebens blieb Friedrich Wilhelm eng mit Wusterhausen verbunden. Er liebte die Helligkeit und Schlichtheit des als Wasserburg konzipierten Hauses aus dem 16. Jahrhundert. Alljährlich verbrachte er mit der gesamten Familie sieben bis acht Wochen, zwischen August und November, in Wusterhausen. Dorthin kommen durfte nur, wer ausdrücklich eine Einladung erhielt. Der größte Teil des Lebens spielte sich in Wusterhausen im Freien ab. Bei gutem Wetter wurde vor der Schlossbrücke ein türkisches Zelt aufgebaut, das bis zu 30 Personen Platz bot. Bei schlechtem Wetter nahm man die Mahlzeiten *»in einem schönen großen Saal des alten Schlosses ein«.*[56]

Tradionell bildeten zwei Feste die Höhepunkte in Wusterhausen. In Erinnerung an die gewonnene Schlacht bei Malplaquet 1709, an der Friedrich Wilhelm als Kronprinz teilgenommen hatte, wurde am 11. September eine große Siegesfeier ausgerichtet. Mit dem Fest des Heiligen Hubertus am 3. November endete in der Regel die Jagdsaison und der Aufenthalt in Wusterhausen.

Kommet der Frühling heran, divertiren sich des Königs Majestät mit Parforce-Jagen und mit der Raiger-Peitz.[xiv]

Selbst bei seiner Jagdleidenschaft zeigte sich der König als guter Geschäftsmann. Oft konnten nämlich die Mengen an Wildbret von der Schlossküche selbst nicht verarbeitet werden. Überzählige, ganze Stücke wurden daher an die Bewohner der Umgebung von Wusterhausen oder auch Potsdam verkauft, womit Friedrich Wilhelm gute Gewinne erwirtschaftete.[57]

Dass der König gern aß, sah man ihm an. Die Leibesfülle stand bereits seit der Antike als Synonym für Macht und Friedrich Wilhelm entsprach, wie viele Herrscher seiner Zeit, diesem Ideal. Er verfügte über ein bedeutendes Körpergewicht. Mit 39 Jahren wog er, bei einer Körpergröße von 1,64 m, 229 Pfund, in seinem Todesjahr sogar 270 Pfund.[58] Daher litt der König bereits früh unter Gicht, Wassersucht und anderen Krankheiten.

Jagdschloss Königs Wusterhausen, Eingangsseite

Den Speiseplan ließ Friedrich Wilhelm, trotz Anraten seiner Ärzte, deswegen kaum ändern. Er aß einfach zu gern!⁵⁹

Diese kleine Zusammenstellung zeigt, dass der Soldatenkönig ein Fijnproever, ein Feinschmecker, war und seine »Tafelfreuden« wohl zu genießen wusste.

Dass der oft auch im Ausland kolportierte »preußische Geiz« Friedrich Wilhelms I. jedenfalls nicht auf die königliche Küche zutraf, beschreibt treffend David Fassman, der als Höfling lange Jahre die »Tafelfreuden« seines Königs genießen durfte.

Gott der Allerhöchste lasse Ihro Majestät dero Mahlzeiten, und alles, was Sie essen oder trincken, noch lange Jahre wohl schmecken, und wohl gedeyen![FU]

*»Was die Königl. Tafel betrifft, so gehen in verschiedenen fremden Landen viele gantz falsche und wunderliche Erzehlungen davon im Schwange, da es doch ganz anders damit beschaffen. Denn obgleich der allzu grosse Uberfluß, in der Königl. Küche, und bey der Königlichen Tafel abgeschafft, […], so ist doch sonst die Küche und die Tafel Sr. Majestät auf eine höchstrühmliche, löbliche und recht edle Art eingerichtet.«*⁶⁰

»Es macht eine schöne Schüssel«[61]

KOCHEN IM FRÜHEN 18. JAHRHUNDERT

Von der Küche und vom Kochen wird nun die Rede sein. Um die auf den Küchenzetteln aufgelisteten kulinarischen Köstlichkeiten selbst genießen zu können, braucht man zeitgenössische Rezepte. Das ist jedoch nicht so einfach.

Kochrezepte der frühen Neuzeit sind keine Rezeptsammlungen im heutigen Sinn und damit Anleitungen für jedermann. Sie galten vielmehr als Merkblätter für den eigenen Gebrauch, um Erfahrungen festzuhalten.[62] Die Köche erklärten in der Regel nicht viel, oft schrieben sie nur das Notwendigste auf und hoben gelegentlich besondere Kniffe hervor.[63] Vor allem die Hofköche hüteten ihre kulinarischen Geheimnisse, deren Wissen auf großer Erfahrung beruhte. Dies machte sie nicht selten zu gefragten Spezialisten und Spitzenverdienern an Europas Fürstenhöfen. So erhielt der Küchenmeister Friedrich Wilhelms I. ein Jahresgehalt von 4000 Taler, soviel wie ein Wirklicher Geheimer Etatrat.[64]

Kochbücher selbst stellen also weniger die Geschichte des Kochens als eine des Speisens und Tafelns dar. Sie sind »Fiktion dessen, was gekocht und gegessen wurde, dessen, was allgemein über den Umgang mit Nahrungsmitteln, über Kulinarik bekannt war«.[65]

Seit der Erfindung des Buchdrucks wurde eine konstante Folge von Haus- oder Kochbüchern gedruckt.[66] Bei vielen dieser frühen Drucke sind die Autoren unbekannt. Diese Bücher richteten sich in der Regel an einen ausgewählten Benutzerkreis wie Berufsköche oder Vorsteher großer Haushalte. Nach dem Vorbild römischer Agrarschriftsteller beschäftigten sie sich mit Ackerbau, Viehzucht, Gartenbau und Jagd. Neben Kapiteln über Seifen- und Leimherstellung, Wetterregeln und Hausapotheken, finden sich auch Abschnitte über das Kochen und die Vorratshaltung.[67]

Kochbücher galten bis ins 18. Jahrhundert also nicht als Nachschlagewerke zum alltäglichen Gebrauch. Sie waren vielmehr Statussymbole ersten Ranges. Handschriften und frühe historische Drucke von Kochbüchern weisen selten Benutzungsspuren auf. Ihre Eigentümer zeigten durch den Besitz ihre Zugehörigkeit zu einer Bildungselite, die ihre Bedeutung als Kulturträger dokumentieren sollte.[68]

Dieses Verständnis wandelte sich erst Ende des 18. Jahrhunderts, als die ersten Drucke für bürgerliche Kreise erschienen.[69] Diese Kochbücher gingen in der Regel auf Abschriften älterer Werke zurück. Sie ermöglichten auch bürgerlichen Haushalten die Adaptionen höfischer Esskultur.[70] Angesichts der hochwertigen und teuren Zutaten, die vielen Speisevorschlägen zu Grunde lagen, kamen diese Kochbücher, trotz des aufgedruckten Hinweises »für alle Stände« nur für eine kleine Schicht in Frage. Einige der Drucke wurden selbst in der Könglich Preußischen Hofküche bis Ende des 19. Jahrhunderts verwandt.[71]

Weitere Probleme tun sich bei der Beschäftigung mit historischen Rezepten auf. Diese verfügen über keinerlei Mengen-, Zeit- oder Temperaturangaben. Das Gleiche gilt für die Nennung von Gewürzen. Hier ist man auf Interpretationen angewiesen, wobei der Vergleich mit Kochbüchern aus dem 19. Jahrhundert sehr hilfreich sein kann. Diese enthalten erstmals Maßangaben. Allerdings waren Maße und Gewichte in den verschiedenen Regionen Deutschlands vor der Reichsgründung 1870 sehr unterschiedlich, was die Benutzung auch dieser Rezepte erschwert.[72]

Hinzu kamen völlig andere Essgewohnheiten. Kalorien zählen war gänzlich unbekannt. Gute Küche muss zu Beginn des 18. Jahrhunderts noch als deftig bezeichnet werden. Zum Frühstück aß man bei Hofe, aber auch in Adelshäusern oder gutbürgerlichen Stuben, Suppe oder Gebratenes. Brot wurde in der Regel als Beilage gereicht, vor allem zum Aufnehmen der Suppen- oder Saucenreste.

Die Küchenzettel aus der Zeit des Soldatenkönigs zeigen vor allem zahlreiche Fleischspeisen, die mit üppigen Sahnesaucen abwechslungsreich verfeinert wurden. Dabei gestaltet sich selbst die Interpretation dieser Fleischgerichte als schwierig. Bis ins frühe 20. Jahrhundert züchtete man eher hochhackige, schlanke Schweine. Rinder wurden als Arbeitstiere gehalten und in der Regel erst kurz vor dem Ableben geschlachtet. Die einzelnen Teile der Tiere mussten demnach anders schmecken als heute.[73] Obwohl für den Hof eigens Ochsen zum Verzehr gezüchtet wurden, wich man immer wieder auf zarteres Kalbfleisch aus, vor allem für die Ernährung der königlichen Kinder.[74] Ansonsten findet sich Rindfleisch häufig an der königlichen Tafel, ebenso Wild in vielfältigen Variationen. Gegessen wurde selbst bei Hofe fast alles vom Tier. Auf den Speisezetteln finden sich delikat angemachte Kalbs- und Schweinefüße, Innereien (Herz, Leber, Nieren, Hirn), Zunge, Hoden oder Schwanz.[75]

Das Fleisch wurde üblicherweise länger aufbewahrt als heute und daher vor dem Verarbeiten oft scharf gesalzen, gewürzt oder eingelegt und gelegentlich noch vor dem Braten gekocht. Suppen durften nicht fehlen. In der Regel reichte man klare Fleischbrühen, die gelegentlich mit Gemüseeinlagen oder Reis variiert und verfeinert wurden.

Pasteten gehörten selbstverständlich zur Küche der Barockzeit. Sie konnten kalt und warm verzehrt werden und der bunte Reigen der Resteverwertung kannte keine Grenzen. Pasteten zuzubereiten war jedoch eine der schwersten Aufgaben der Küche. An den Fürstenhöfen des 17. und 18. Jahrhunderts arbeiteten extra engagierte Köche, die sich besonders auf die Fertigung von Pasteten verstanden und sich ausschließlich mit ihrer Herstellung beschäftigten.

Pasteten aus größeren und kleineren Teighüllen wurden mit pikanten Fleisch-, Wildbret- oder Fischfarcen gefüllt. Früher bereitete man oft Salzteig für die Form zu. Dieser war hart und wurde als Backvorrichtung genutzt. Von den essbaren Pastetenteigen nahm man meist Blätter- oder Mürbeteig. Geflügelpasteten wie Gänseleberpastete servierten die Köche vielfach in Steingutterrinen. Insgesamt sind auch hier die Angaben über die Herstellung geheimnisumwittert. Teilweise wurde nicht einmal angegeben, wie der Teig herzustellen war.

Als Beilagen reichte man üblicherweise vielfältige Gemüsevariationen der Saison. Zur Zeit des Soldatenkönigs waren durch die im 17. Jahrhundert eingewanderten Hugenotten zahlreiche französische Gemüse wie Salat, Radieschen, Blumenkohl, grüne Erbsen, Gurken und Spargel heimisch geworden.[76]

Gemüse, Kohl, Kürbis oder Lattich sehen auf alten Abbildungen oft anders aus als heute. Man kann also nicht sicher sein, inwieweit sich Gemüse mittlerweile durch Züchtungen auch geschmacklich verändert haben.

Ähnliche Unterschiede entwickelten sich bei der Verwendung von Kräutern und Gewürzen. Noch heute besteht die Kunst des Würzens allein in der Erfahrung. Es gibt keine Patentrezepte. Meist entscheidet allein Finger- und Zungengefühl. Heute erscheint es beim Kochen wichtig, dass Gewürze den Eigengeschmack einer Speise hervorheben und nicht überdecken. Auch mit Salz wird eher vorsichtig umgegangen. Etwas gilt als vorbildlich gewürzt, wenn kein Gewürz besonders hervorsticht und die Gewürzkombination nur mit Mühe erahnt werden kann. Diese Gedanken waren um 1700 noch recht neu. Erst der bedeutende französische Gourmet Francois Pierre de la Varenne (1615 – 1678) plädierte für die Erhaltung des natürlichen Aromas beim Kochen.[77] Bis dahin wurde ein künstlich kreierter Geschmack höher bewertet als der natürliche und Varennes Gedanken wurden nicht von allen Zeitgenossen geteilt.[78]

In vielen älteren Rezepten sind Gewürze oder Kräuter nicht einzeln angeführt. Es heißt einfach *»gute Kräuter«* oder nach der Auflistung einiger Gewürze *»ecetera«*. Die Kräuter wurden in der Regel gemäß der Jahreszeit verwandt, seltener getrocknet.[79]

Noch im 18. Jahrhundert herrschte besondere Vorliebe für teure Importgewürze wie Pfeffer, Ingwer, Kardamon, Zimt, Nelken, Muskat oder Safran. Salz galt ebenfalls als Gewürz. Diese Zutaten kannte die europäische Küche bereits seit der Antike oder den mittelalterlichen Kreuz-

Jean Siméon Chardin, Stillleben, 1730

zügen.[80] Gewürze einheimischer Herkunft oder Züchtungen von Lavendel, Estragon, Basilikum, Salbei, Kümmel, Lauch, Senf, Brunnenkresse, Wacholder, Sellerie, Meerrettich, Dill, Petersilie, Schalotten, Liebstöckel und Knoblauch waren längst in brandenburgischen Küchengärten heimisch. Neben dem Geschmack spielte auch der gesundheitliche Nutzen eine nicht unbedeutende Rolle. So galten Majoran und Kümmel als klassische Gewürze in schwerverdaulichen Speisen aus Fleisch, Hülsenfrüchten oder Kohl.[81]

Wie das Würzen galt auch das Süßen als Kunst. Honig wird in alten Rezepten selten erwähnt. Es ist jedoch anzunehmen, dass er häufiger verwandt wurde als Zucker.[82] Wie die Pastetenbäcker verfügte die Königlich Preußische Hofhaltung auch über eigene Konditoren, die sich ausschließlich um die Anfertigung der vielfältigen Süßspeisen kümmerten.[83]

Die Zubereitung der einzelnen Gerichte gestaltete sich zu Beginn des 18. Jahrhunderts noch langwierig. Selbst die Hofküche ist nach unseren Vorstellungen gewöhnungsbedürftig. Gekocht wurde überwiegend am offenen Kamin mit Rauchabzug, in Eisentöpfen, die entweder auf einem Dreifuß in die Glut gestellt wurden oder an Kettenvorrichtungen über dem Feuer hingen. Der Kochgalgen, an dem man die Töpfe schwenken konnte, kam erst Mitte des 18. Jahrhunderts auf. Seit dem 17. Jahrhundert kannte man jedoch hochgemauerte Feuerstellen aus Ziegelsteinen, die nicht selten mit Delfter Kacheln oder Eisenplatten verziert waren.[84]

Das Fleisch wurde entweder am Spieß gebraten oder gekocht. Es existierten bereits vielfältige Bratvorrichtungen aus Eisen, senkrecht oder waagerecht mit Tropfschalen und sogar Drehvorrichtungen. Fleisch und Fisch konnten auch auf speziellen Eisen-Gittergestellen gegrillt werden. Man kannte außerdem eine weitere Anzahl an Röstgeräten für Brot und Käse.[85]

Backöfen waren oft an der Seite der Feuerstellen oder der gemauerten Herde angebracht, in die Mauer eingelassen und mit einer Metalltür versehen. Als Heizmaterial dienten Reisigbündel, um den Geschmack der Gerichte so wenig wie möglich zu beeinflussen. Der Teig wurde in Ke-

Küche
Jagdschloss Stern

ramik- oder Eisenformen einfach in die Glut geschoben. Haferkuchen, Fladenbrote oder Pasteten buk man auf einem Grill- oder Backblech auf dem offenen Feuer.

Kuchen gerieten aufgrund nicht genau regulierbarer Hitze recht unregelmäßig. Um Torten und Pasteten beim Backen zusammenzuhalten, benutzte man Holzreifen oder Metallbänder. Erst gegen Ende des 18. Jahrhunderts wurden Gebäck- und Kuchenformen üblich.[86]

Die Hofküche war durch die große Personenzahl, die sie regelmäßig zu ernähren hatte, auf eine sorgfältige Vorratshaltung angewiesen. Lagern von Lebensmitteln galt als heikle Angelegenheit und die Hygienevorstellungen unserer Zeit können wohl kaum als Maßstab dienen. Ein Lagerungsraum musste vor allem kühl und trocken, vor Fliegen, Mäusen und anderem Ungeziefer sicher sein. Holztruhen mit schräggestelltem verzinktem Holzdeckel für Mehl standen erhöht. Es gab große Steinkrüge mit 15 bis 20 Litern Fassungsvermögen, auf der Innenseite glasiert, mit festsitzenden Holzstöpseln für getrocknete Erbsen, Bohnen, Linsen und andere Hülsenfrüchte. In kleineren Behältern aus Glas und Keramik bewahrte man Salz, Zucker, Pfeffer sowie Gewürze auf. In den Vorratsräumen befanden sich auch Steinguttöpfe oder Glaskrüge mit eingelegten Gurken, Zwiebeln und vielfältigen Obstsorten. Frisches Obst wurde in Netzen aufgehängt gelagert.

Die Hofküche ließ sich, wie wir anhand der königlichen Einkaufslisten wissen, vieles liefern. Unter König Friedrich Wilhelm I. braute man kein Bier mehr, kelterte keinen eigenen Wein und auch das Schlachten, Pökeln und Räuchern wurde überwiegend außer Haus betrieben.

Anders verhielt es sich mit dem Einmachen und damit Konservieren, dessen Form sich bis ins 20. Jahrhundert kaum verändert hat. Ein Rezept für Schweine-Rillettes zeigt, wie man übriges Fleisch einkochte, welches nicht für Pasteten verwendet wurde. Das gekochte Fleisch wurde damals, wie andere Lebensmittel auch, in einen Keramiktopf gegeben. Darüber zog man eine feuchte Schweins- oder Ochsenblase und band sie fest. Trocknete die Blase, zog sie sich zusammen und bildete einen luftdichten Abschluss.[87]

Gemüse wurden eingesalzen oder in Essig süß-sauer eingelegt, Früchte in Alkohol konserviert, Beerenfrüchte (Weintrauben, schwarze Johannisbeeren, Pflaumen, Feigen) getrocknet oder in konzentriertem Zuckersirup eingekocht. Marmeladen und Konfitüren kannte man bereits seit dem frühen 16. Jahrhundert, ebenso Gelees.[88]

Sahne und Butter bezog der Hof fertig aus Königshorst. Ihre Lagerung gestaltete sich jedoch schwierig. In der Regel wurde die Butter gesalzen, gerollt und dann in Steinguttöpfchen aufbewahrt und bei Bedarf noch einmal mit einem muschelförmigen Holzlöffel durchgeknetet. Butter durfte weder Wasser noch Luft enthalten, da sie sonst rasch ranzig wurde. Bei Käse bevorzugte man meist Hartkäse, da er länger haltbar war.

Einer der wichtigsten Räume für die Konservierung waren die Eishäuser, die in keinem großen Haushalt fehlen durften. Dort wurde das winterliche Eis der heimischen Seen hingeschafft und zahlreiche frische Lebensmittel konnten so über einen längeren Zeitraum gelagert werden.

Der bekannteste Eiskeller der preußischen Schlösser ist die 1791 gebaute Pyramide im Neuen Garten zu Potsdam.[89]

Insgesamt ist es nicht leicht, sich kulinarisch in die Zeit des Soldatenkönigs zu versetzen. Es erscheint vielmehr notwendig, das Essen für heutige Liebhaber der Küche verständlich zu gestalten.

Das gilt auch für die folgenden königlichen Küchenzettel und älteren Kochbüchern entnommenen Rezepte. Ich habe versucht, sie auf der Basis alter Rezepte so authentisch wie möglich wiederzugeben. Wichtig ist, dass das Raffinierte der historischen Küche dabei nicht verlorengehen darf. Doch sind wir heute an eine Vielzahl von Geschmacksverstärkern gewöhnt. Daher ist es durchaus erlaubt, bei den Rezepten zusätzlich heute gängige Würzmittel zu verwenden.

Auswahl an Lieblingsrezepten Friedrich Wilhelms I.

Zusammengestellt nach den Königlichen Küchenzetteln, die in den siebenundzwanzig Regierungsjahren König Friedrich Wilhelms I. täglich geführt wurden[90]

Stockfisch mit holländischer Butter

Gepökelter Rindermehrbraten mit Gartengewächsen

Hammel-Croqui, Trüffel und Morcheln mit Baumöl auf Italienisch

Ragout vom Frischling mit Zitrone

Trockene Zuckerbirnen mit Speck und Bratwurst,
   mit Zucker und Zimt

Gestooftes Lamm mit Sauerampfer

Hechte mit Sardellensauce und Zitrone

Ragout von Brösen mit Hahnenkämmen und Zitrone

Erbsen mit Bratheringen und brauner Butter

Schnecken in dicker Butter

Hasenpfeffer mit Zucker, Zitrone und Wein

Gestoofte Gans mit Speck und Majoran

Ragout von Kalkun und Huhn mit Sardellen auf Deutsch

Pökelschweinskopf mit weißen Rüben

Brathechte mit brauner Butter und Majoran

Polnischer Hecht mit Mandeln, Äpfeln, Safran, Rosinen und Limonen

Junge Hühner mit Zuckerwurzeln

Frische Trüffeln mit Pontac

Gebratene Hühner mit Petersilie, Semmel und Pfeffer gefüllt

Gestoofte junge Hopfen mit Lämmerkarbonade

Gespickte Krebse in Papier gebraten

Hechte mit Champignons, Krebsen und Sardellen

Lieblingsrezepte

Haberwurzeln mit holländischer Sauce

Krebse mit Weißbier und Kümmel

Kalbfleisch mit Limonen

Grüne Erbsen mit Krebsen, frischen Heringen und Gurken

Hirschziemer mit Kirschmuß, Wein und Zucker

Junge Hühner à la mode de France

Gefüllter Weißkohl mit Sahne

Braune Karpfen mit rotem Wein

Gestoofter Savoy-Kohl mit Feldhühnern

Tortelettes von Spinat

Muscheln mit holländischer Sauce

Kleine englische Eierkuchen mit Äpfeln

Sardellen-Salat

Gebackene Gründlinge

Rindfleisch mit Mohrrüben

Frische Leber-, Blut und Bratwurst

Kapaun auf Moskowitisch gebraten

Ochsenzunge mit Brunnenkresse

Gebratene Austern

Barsche mit holländischer Sauce und Meerrettich

Barsche à la Tartare in Öl, Essig und Gartengewächsen

Lammkoteletten in Papier gebraten

Kalte Auerhahn-Pastete mit Kalbfleisch

Herbst Monathe
Septembre, Octobre & Novembre

__Allerhand Pasteten.__

Ebenn dieselben Pasteten von Hühner
wie im Früh-Jahr u. Sommer.
Kalte Pastete von Trappen mit brauner
     von Trappen mit Jellé
     von Schnepfen.
     von Reyhüner mit Schnee
       Colli.
     von Reyhüner mit brauner
     von Reyhüner mit weißer S.
     von Reyhüner en Jellé.
     von Reyhüner mit Kockam.
     von Birckhuhnen mit brauner
       Sauce.
     von Birckhuhnen mit b. S.
     von Fasanen mit br. Sauce
     von Wilde Enten.
     von Cramb-Vögel.
Paté fois von allerhand Wild.
Pastete von Wild Schwein.
Pastete von Hirsch.
..... von Rehe.
..... von Damhirsch.

Herbst Monathe
Septembre, Octobre et Novembre.

Allerhand Fische

Die meisten Revier-Fische kan man July.

Außgelegten Hecht zu bracken in breiten Eßen mit Pistazien u. krauße dehmüntze u. Parmesan Käse.

Trucken Eßh mit Morcheln.
Trucken Eßh auf die Roste.
Hechten mit dicke butter.
Hechten mit Majoran.
Hechten mit Sahne und Dill.
Hechten marginirt.
Hechten mit butter und Petersilge.
Hechten außgebacken.
Hechten mit Weck u. kleinen Rosinen nach saurer.
Förellen mit süßer Sahne.
"   "   mit dicke butter.
"   "   außgebacken.
Schuppel mit weißen Rüben.
Schnepel auf die Roste.
Rauw Augen marginirt.
Bücklinge auf die Roste.
"   "   mit Senff-Suchen.
Flickhering auf die Roste.
Flindern auf die Roste.

MENÜBEISPIEL NACH EINEM KÖNIGLICHEN KÜCHENZETTEL FRIEDRICH WILHELMS I.

Königs Wusterhausen, 1719-September-8
Speisenfolge der Reiseküche für den zu Königs Wusterhausen zusammen mit dem russischen Gesandten weilenden König Friedrich Wilhelm I.[92]

Mittages
S[einer] Königl[ichen] May[estät] Tafell
undt Moscowitsche Gesandten[93]

	Pfd.	St.
1.		
1 Schale Suppe von A[lt-]Hun mit Zuckerw[erk] u[nd] Spinath	-	1
1 G[roße] Sch[üssel] Suppe von Kalbf[leisch,] A[lt-]Hun, mit gr[ünen] Erbß[en]	8	1
3 Sch[üsseln][94]		
- Rindernahebrust mit Mohr[rüben-]Past[ete]	19	-
- Braun Fricand[on] von Kalbsf[leisch] und mit Kälberbr[aten-]Past[eten-] Gar[niture]	3	-
- Gefülte Brödtgen mit Hechte u[nd] Murchel	-	4
u[nd] Krebsschw[änzen]	-	2 Sti[egen]
2 K[leine] As[siettes]		
- Schminckbohnen mit Hamel-Corb[onaden]	3	-
- F[ett-]Hüner mit Brießen u[nd] Trüffel	-	2
2.		
4 Sch[üsseln]		
- Gebr[atene] Calcunen auff Mosc[ow]	-	2
- Gebr[atenes] Lamb	-	½

Freytages den 8ten Sep. 1719 tc.
Mittags
Sr. Königl. Maj.t Tafell mit
Moscowischen Gesandten

1.
1. Schüßel { Suppen von Ahm, mit Zuckerw. u. Schnitz 1.
1. g. Schüßel { Suppen von Kalbfl. ahm, mit gr. Erbs. 8. 1
{ Rinder Flasch. brust, mit Most. Post. 19.
3. Schüßel { Einen fricand. von Kalbfl. mit
         { Kälberback. Past. Garq. 3. —
Entremets { Gefültte Brödtgen mit Forsch u. Morch. 4.
           { .... Krebßfl. — 2 ½
2 Rk. aßi. { Schmirl Bohnen, mit Sauer Cors. 3.
           { Hüner mit Crinßen u. Krepffl. — 2

2.
           { Gebr. Calcunen auß Most. 2.
           { Gebr. Lamb — ½
4. Schüßel { Sültzen von Schweinernell — ½
           { Eruben mit Kalbfl. fleisch 2. 6
           { Gebr. Rebhüner in nat. — 3
2. Teller { Sallath — —

2te Taffell
1. Schüßel { Suppen mit Kalbfl. u. gr. Erbßen
          { Rinder Flasch. brust mit gens. 14 —
4. aßi. { Forschen mit Butter u. Petersilg. — 4.
        { Ragout von Kalbernbr. — 6. —
        { Sültzen von Schweinernell — ½

Erste Seite des „Tageszettel bei der König[lich] Preuß[ischen] Reise-Küche in Wusterhausen" für den Freitag, 8. September 1719, gezeichnet von Küchenchef Reuter.[95]

	Pfd.	St.
- Sültze von Spanferckell	-	½
- Tauben mit Kalbf[leisch-]Klöße	2	6
2 Teller		
- Gebr[atene] Rebhüner in nat[ura]	-	3
- Sallath	-	-

2. Taffell

	Pfd.	St.
1 Schale Suppe mit Kalbf[leisch] u[nd] gr[ünen] Erbßen	-	-
4 As[siettes]		
- Rindernahebrust mit Gew[ürz und Rosinen]	14	-
- Hechte mit Butter und Petersilge	-	4
- Ragou von Kälberbr[aten]	6	-
- Sültze von Spanferckell	-	½
2 As[siettes]		
- Rühr-Eyer	-	20
- Gebr[atene] gefülte Ganß	-	1
6 ß[ervietten]	14	-
- für 26 Granad[iers:] Erbßen mit Speck	-	-
- für 2 Granad[iers:] Erbßen mit Speck	-	-
- für 1 Schneyder: Erbßen mit Speck	-	-
- für Wulffen: Suppe mit Kalb[leisch]	-	-
- für Wilhelm: Suppe mit Kalb[leisch]	-	-

Abends
S[einer] Königl[ichen] May[estät] Tafell

	Pfd.	St.
1 Schale Suppe mit Kalbf[leisch-] Klöße	2	-
5 As[siettes][94]		
- Bley auff der Rost mit Sard[ellen]	-	2
- Gestofte Ändten mit Jue u[nd] Cha[mpignons]	-	2

	Pfd.	St.
- [Fett-]Hüner im Topf mit Reiß	-	2
- Ho[lländische] Knollen mit Rinderzunge	-	1
- Eyerkuchen mit Saane	-	20
1 Sch[üssel] kalten Kälberbr[aten]	15	-
2 As[siettes]		
- Gebr[atener] gespickter Haase in nat[ura]	-	1
- Gebr[atene] F[ett-]Hüner auff Mosco[w]	-	2
2 Teller		
- F[ett-]Hun mit Bluhmenkohl	-	1
- Sallath	-	-
3 ß[ervietten], 2 Teller Butter	2	-
- für 16 Granad[iers:] Buchgrütze mit Butter	-	-
- für 2 Granad[iers:] Buchgrütze mit Butter, Kälberbr[aten] in Butter gebr[aten]	2	-
- für 1 Schneyder: Kälberbr[aten] in Butter gebr[aten]	1	-
Butter für Königes Hunde	1	-

Summa dieses Tages Ausganges:
49 Pfund Rindtf[leisch], 1 Zunge, 48 Pfund Kalbf[leisch], 3 Pfund Hammelf[leisch], ½ Lamb, 17 Pfund Speck, 1 Rollade, 1 Haasen, 3 Rebhüner, 2 Calcunen, 1 Ganß, 2 Ändten, 7 F[ett-] Hüner, 2 A[lt-] Hüner, 6 Tauben, 70 Eyer, 9 Pfund Butter, 8 Pfund fr[ische] Butter, 8 Hechte, 2 Bley, 2 Sti[egen] Krebsche, 4 M[etzen] Erbßen, 2 M[etzen] Buchgrütze, 8 Citronen

Von der Taffell [zurück]: 1 gebr[atenes] F[ett-] Hun

2.

3. Die Buchen Citronen werden à
und die Taffel-Citrone
des Hundert mit 5 rh. von O-
bis Michaelis bezahlt

Daß dieser Contract in duplo außgefertiget
und einer von Seiten der Königlichen HoffStaats
Cantzley von denen Lieveranten Martino Sarto
et Compagnie außgehändiget und unterschrieben worden, geschehen Berlin den 24ten Marty. 1731.

　　　　　　　　　　　Schipperbach V. Holwed

Vorstehender Contract behält laut angehängter Speci-
fication von allem anwehrendem Ihrem darinnen angesezten
Preiß seine richtigkeit, außer daß die Taffel-Citro-
nes Hundert mit Sieben thaler 12 gr. die Buchen Citro-
mit Sechs thaler 12 gr. und die Appelsinen und
Pommerantzen das Hundert mit Sieben lh. 12 gr.
von Michaelis 1731 biß Ostern 1732, und der
Hoff Küche wochentlich bezahlet worden.
geschehen Berlin den 29ten Sept: 1731.

　　　　　　　　　　　Schipperbach V. Holwed

Vorstehender Contract behält von allem Theuren ihren Preiß
außer daß die Taffel Citronen des hundert mit Fünff rh.
die Buchen Citronen und Orangen des hundert mit Vier rh.
von Ostern biß Michaelis und der Hoff Küche wochentlich bezahlet worden Es geschehen Berlin den 11. April 17—

　　　　　　　　　　　Schipperbach V. Holwed

　　　　　　　　　　　　　　　　　　verte

Die Italiänische Victualien sollen dem Königl. Hoff Küche von Ostern 1728 biß Ostern 1729 den Nachstehenden Preisen geliefert werden und dahero stets in abondance ausgefasst werden sollen, so wirde es nöthig sein, daß die Königl. Hoff Küche sich ein solchen ordentlichen Contract dafür bereden, so sollen wir auch ver... zu nehmen, dahingegen obligiren wir uns jederzeit so dazusehen, damit die Hoff Küche niemahl einigen Mangel habe, ausgenommen, diejenigen Sorthen Waaren die im Sommer nicht zu haben sein.

		Rth	gl	₰
Veritable weiße Italiänische Trudeln Trüffeln	1 per ℔	2	12	—
Dergleichen in Öhl eingelegt	1 per ℔	1	16	—
Trocken Italiänische Maserons	1 per ℔	1	8	—
Ascha	1 per ℔	2	12	—
Bonnen Soija aus ℔	1 per ℔	2	12	—
Indianische Weiße Royal Austern	1 per ℔	6	18	—
Veritablen genannten Cabiardt	1 per ℔	1	12	—
Feine Italiänische Pistasien	1 per ℔	1	6	—
Feine Italiänische Dattelen	1 per ℔		10	—
Feine Italiänische große Oliven	1 per		8	—
ditto kleine musquaten Oliven	1 per		20	—
Kleine Macronen	1 per		6	—
Große dito Genueser	1 per		10	—
Soussise de Boulongne	1 per		7	—
Dergleichen Mortadellen	1 per		10	—
Guten Parmesan Käß	1 per		7	—
Dito Limbourger Käß	1 per		4	6
Feinste Genueser Sardellen	1 per		9	6
Marone	1 per		3	—
Große Lazern	1 per		3	—
Kleine Lazern	1 per		6	—
Neue Zitronen	1 per		7	—
Italiänische Brunellen	1 per		6	—
Pinien	1 per		8	—
Silsemogule	1 per ℔	1	8	—
Feinen Italiänischen Citronath	1 per		10	—
Provencer Öhl	1 per		16	—
Geringeren Preis dito	1 per		6	—
Citronen von Ostern biß Michaeli 1728 100 ℔	1 per ℔	3	18	—
Italiänisch gehl.				
und feinen Kreutzer 100 ℔ Citronen die auch dergleichen	per ℔	5	—	—

verte

Transporto 244
Dienstag, bshet ds 86
        Plus .... 6 – 1 – 2

Zu Potsdam, wohin S^e Maj^t Sich heute erhoben, ist Mittags
vor die Königl. Tafell 1. Schüssel mehr, des Abends
ordinair serviret. Es ist aber keine Trey-tafell weder
heute noch die 2. folgende Tage gehalten, sondern nur
vor 14. Mann Recrouten das gewöhnliche Eßen gegeben
und damit biß S^e nach der erochen Contenair s'
worden.

in Berlin ist vor der Königin Maj^t Mittags und Abends
ordinair serviret. Vor des Marggraffen von
Anspach Durchl. ist Mittags 1. Supp: 8. assiettes gegeben
bey der Marschall tafell seind 4. assiettes menagiret.

        Mittwoch, beshet ds 88
        Plus .... X – 3 – ,

Zu Potsdam ist vor S^e Maj^t Mittags 1. assiette 1. Teller
des Abends 1. assiette mehr serviret. Au
presenten ist H. Schneider und 6. uner. Jungs mit
employiret.

in Berlin ist vor der Königin Maj^t Mittags und
Abends ordinair serviret. Vor des Marggraffen
von Anspach Durchl. ist Mittags 1. Supp: 8. assiettes
des Abends 6. assiettes gegeben. bey der
Marschall tafell seind 4. assiettes menagiret.

        Donnerstag, beshet ds 78
        minus .... 1 – 10 – ,

Zu Potsdam ist vor Sr Maj^t dem König Mittags 1. Schüssel
des Abends 1. assiette mehr serviret. vor des
Anspachis Herrn Cammerdieners seind 3. Schüsseln gegeben.
au presenten: 1. Schneider und 16. uner. Jungs mit employiret

in Berlin ist vor der Königin Maj^t Mittags und Abends
ordinair serviret. bey der Marschall tafell
seind 4. assiettes menagiret.

                                    Latus ... 497

Transport	497	10	3
Freytag, kostet es	84	22	1
Plus . . . . 4 – 22 – 1			

Potsdam sind vor S. Majs. dem König Mittags 3.
assiettes, des Abends 1. Assiette mehr servirt,
auch ist Mittags die Toÿ tafell gehalten und
vor den Anspachischen Cammerdiener
Mittags 3 Essen des Abends 3 Essen
gegeben.

Berlin ist vor der Königin Majs. Mittags und
Abends ordinair servirt und beÿ der
Maÿsell Taxell 4 assiettes menagirt.

Summa . . . 582 | 8 | 4

Diese Woche
ist starck,
aber
ich habe Geste
geha[b]t
FW

Berlin den 12. July
1727.

Schlipperbach v Holwede

Zweite und dritte Seite des „Consumtionszettel der Königlichen Hof- und Reiseküche" für die Woche vom 5. bis zum 12. Juli 1727, in der für Soldatenkönigs Tafelfreuden der überdurchschnittlich hohe Betrag von 582 Tlr 8 Gr 4 Pfg ausgegeben worden war. Friedrich Wilhelm I. vermerkte dazu entschuldigend: „Diese Woche ist starck, aber ich habe Geste geha[b]t"[97]

Rezepte

1. SUPPEN
2. PASTETEN
3. FISCH
4. FLEISCH
5. WILD
6. BEILAGEN
7. SAUCEN
8. NACHSPEISEN

Die Gerichte gelten,
sofern keine anderen Angaben ausgewiesen sind,
jeweils für vier Personen.

SUPPEN

Eine fürstliche Tafel des 18. Jahrhunderts ist ohne Suppe nicht denkbar. Sie wurde zu allen Tageszeiten serviert und galt als Stärkungsmittel. Meist handelte es sich um eine kräftige Fleischbouillon mit Einlagen.

Klare Suppe mit Fleisch

Zutaten:

1kg Fleisch (Rind, Kalb, Lamm)
2 l Salzwasser
Suppengemüse nach Belieben
1 Zwiebel

Evt. Muskatnusss
Evt. Eigelb
Evt. Weißwein

Das Fleisch (Rind, Kalb, Lamm) sollte frisch sein, möglichst ohne Fett und Knochen. Das Fleisch wird in kaltem Salzwasser, in einem großen Topf, auf den Herd gesetzt. Kein Wasser nachschütten, da sonst die Bouillon an Geschmack verliert. Die Suppe bei hoher Temperatur kochen und regelmäßig abschäumen. Eine feingeschnittene Zwiebel hinzugeben. Die Fleischsuppe sollte leicht köcheln und der Topf muss stets zugedeckt bleiben. Nach 1 Stunde Kochzeit nimmt man das Fleisch heraus und lässt die Suppe durch ein Haarsieb laufen. Fleisch und Suppe in einem gereinigten Topf wieder auf den Herd stellen. Ein wenig Sellerieknolle, Petersilie, Möhren, Porree und andere Gemüse hinzugeben. Dabei sollte man die unterschiedlichen Kochzeiten der einzelnen Gemüse beachten! Wenn die Bouillon recht kräftig ausfällt und weitere Gerichte folgen, serviert man sie klar. Als Besonderheit kann man geschlagenes Eigelb (für 2 Personen 1 Eigelb) untergeben und mit Muskat würzen. Ein Schuss Weißwein stärkt den Geschmack ebenfalls.

Radieschensuppe

Zutaten:

400 g Radieschen mit Blättern
50 g Zwiebeln
1 TL Butter
1 EL Mehl

1 l Gemüsebrühe
1/2 Becher Sauerrahm
Pfeffer
Evt. Schnittlauch

Die Blätter von den Radieschen abtrennen und aufheben. Die Radieschen in feine Scheiben schneiden oder fein hobeln. Zwiebeln hacken und mit den Radieschen in Butter anschwitzen. Danach die Gemüsebrühe aufgießen und die Suppe unter Rühren 5 Minuten kochen lassen. Zum Schluss die Suppe mit Pfeffer abschmecken, einige fein geschnittene Radieschenblätter mit dem Sauerrahm unterheben und nicht mehr kochen lassen. Eventuell Schnittlauch über die Suppe geben.

Petersilie

Biersuppe

Zutaten:

4 Tassen Milch	3 - 4 EL Stärkemehl
2 Stangen Zimt	1 Tasse Wasser
Zitronenschale	1/2 l helles Bier
2 EL Zucker	2 Eigelb

Milch, Zimt, Zucker sowie die Schale einer nicht gespritzten Zitrone in einen Topf geben und auf kleiner Flamme 10 Minuten kochen lassen. Inzwischen das Stärkemehl mit dem kalten Wasser verrühren, an die Milch geben, unter ständigem Rühren weiterkochen und eindicken. Nun das Bier hinzugeben und alles nochmals erhitzen. Etwas heiße Flüssigkeit mit dem geschlagenen Eigelb verrühren und ebenfalls an die Suppe geben. Nicht mehr aufkochen, da sonst das Eigelb gerinnt. Die fertige Suppe durch ein Sieb passieren. Sie kann heiß und kalt serviert werden.

Ochsenschwanzsuppe

Zutaten:

500 g Ochsenschwanz
1 Bund Suppengrün
1 große Zwiebel
50 g Schmalz

40 g Mehl
Salz, Thymian
1/2 Tasse Rotwein

Den Ochsenschwanz an den Gliedern zerschneiden, in dem erhitzten Schmalz scharf anbraten, geschnittenen Sellerie, Möhren und Porree mit der feingewürfelten Zwiebel dazugeben, mit Mehl bestäuben, salzen und alles zusammen anbräunen lassen. Etwa 1 l kochendes Wasser zugießen, aufkochen und abschäumen. Thymian hinzugeben und kochen lassen, bis sich das Fleisch leicht vom Knochen löst. Ochsenschwanzstücke herausnehmen, in kleine Würfel schneiden, Brühe durch ein Haarsieb gießen und das kleingeschnittene Fleisch wieder dazugeben. Mit Salz und Rotwein abschmecken.

Thymian

Entensuppe mit Teltower Rübchen

Zutaten:

Entenklein   *400 g Teltower Rübchen*
(Flügel, Keule,   *40 g Butter*
auch Innereien)   *2 EL Zucker*
1 Bund Suppengrün   *Salz*

Entenklein in 2 l kaltem Wasser aufsetzen und kochen. Nach 30 Minuten das vorbereitete Suppengemüse hinzugeben und gemeinsam kochen, bis das Fleisch weich ist. Die Brühe wird durch ein Sieb gegossen, das Fleisch von den Knochen gelöst, kleingeschnitten und wieder in die Brühe gegeben. Butter und Zucker bräunen, die Rübchen darin schwenken und mit Mehl bestäuben. 1/4 l der Entenbrühe dazugießen und die Rübchen weichkochen. Abschließend gibt man die übrige Brühe mit dem Entenklein hinzu, kocht die Suppe nochmals auf und schmeckt sie mit Salz ab.

Mairübe

Wildsuppe

Zutaten:

Wildknochen	*Buttter*
500g Wildfleischreste	*Lorbeerblatt*
80 g Speck	*1 1/4 l Wasser*
Suppengrün	*1 Glas Rotwein*
Pfeffer, Salz	*Evt. 100 g Pilze*
2 EL Mehl	*Evt. Sahne*

Wildknochen (Hase, Reh) und Fleischreste mit Suppengrün in Fett und Speck anrösten. Mit kaltem Wasser auffüllen, würzen und 2 Stunden kochen lassen. Die Knochen herausnehmen, der Suppe Mehlschwitze sowie den Rotwein zufügen und fertigkochen. Die Suppe durch ein Haarsieb geben und das Fleisch als Einlage verwenden. Nach Belieben 100 g Pilze 15 Minuten mitdünsten.

PASTETEN

Pasteten sind aus der barocken Küche ebenfalls nicht wegzudenken. Sie wurden meist als Zwischengerichte gereicht und waren auch in herrschaftlichen Haushalten eine beliebte Form der Resteverwertung für kalten Braten. Pasteten aus Teigteilen wurden mit einem pikanten Inhalt von Fleisch-, Wildbret- oder Fischfarce gefüllt. Geflügel- oder Gänseleberpastete servierte man in liebevoll verzierten Steingutterrinen.

Trüffel in Blätterteig

Zutaten pro Person:

1 geschälte Trüffel *Fertiger Blätterteig*
2 Scheiben gekochter Schinken *1 Eigelb*

Die Trüffel je nach Größe portionsgerecht teilen und in die Schinkenscheiben wickeln. Blätterteig ausrollen und längliche Vierecke ausschneiden, jeweils eine in Schinken gewickelte Trüffelportion in ein Viereck einschlagen, mit verquirltem Eigelb bestreichen und im vorgeheizten Backofen bei 200 °C etwa 20 Minuten backen.

Dazu kann Trüffelsauce gereicht werden.

Hühner-Lauch-Pastete

Zutaten pro Person:

30 g Butter
2 Stangen Lauch, davon nur den weißen Teil
3 Scheiben Bauchspeck gewürfelt
3 Hühnerbrüste in Scheiben geschnitten
1/8 l Sahne
2 Eigelb, Salz, Pfeffer

Teig:
2 Lagen tiefgefrorener Blätterteig
1 Ei verquirlt

Ein kleines Backblech mit Butter oder Öl leicht einfetten. Butter in einer Pfanne erhitzen und den Lauch unter Rühren weich dünsten und beiseite stellen. Speck in eine Pfanne geben, leicht bräunen lassen, herausnehmen und auf Küchenpapier abtropfen lassen. Lauch, Speck und Hühnerfleisch in die Pfanne geben. Die mit dem Eigelb verquirlte Sahne darüber gießen und unter Rühren bei niedriger Temperatur köcheln lassen. Mit Salz und Pfeffer abschmecken. Den Ofen auf 200 °C vorheizen. Von den rechteckig ausgerollten Blätterteiglagen am Rand dünne Streifen abschneiden und beiseite legen, die Füllung auf dem Teig verteilen, ringsum 2 cm Rand lassen. Die Füllung mit der zweiten Lage Blätterteig bedecken, Ränder übereinanderfalten und verschließen. Pastete mit den abgeschnittenen Teigstreifen verzieren. Deckel mit dem verquirlten Eigelb bestreichen und den Teig mit einer Gabel einstechen, damit der Dampf entweichen kann. 30 Minuten backen, bis die Pastete goldbraun ist.

Hispanische Pastete

Zutaten:

Teig:	*Füllung:*
50 g Schmalz	250 g Schweinefleisch
500 g Mehl	250 g Hammelfleisch
2 Eier	250 g Hähnchenbrustfilet
2 EL Wasser	50 g Rindermark
	20 g Schmalz, 2 Zwiebeln
	1 Bund Schnittlauch
	100 g Champignons
	100 g Speck in Scheiben zum Auslegen
	Salz, Pfeffer, 1 Eigelb
	Thymian, Basilikum, Kerbel, Rosmarin

Aus erwärmtem Schmalz, Eiern, Mehl und Wasser wird ein trockener Teig bereitet. Diesen etwa 2 Stunden zugedeckt ruhen lassen. Das Fleisch klein schneiden und mit dem kleingehackten Mark sowie dem Schmalz verrühren. Kleingehackte Zwiebeln, Champignons und Schnittlauch hinzugeben und mit den Gewürzen und dem Ei gut vermengen. Einen Teil des Teigs für den Deckel der Pastete zurücklegen. Eine ausgefettete Spring- oder Pastetenform mit Teig und den Speckscheiben auslegen und die Füllung hineingeben. Den restlichen Teig zu einem Deckel ausrollen, der auf die Form passt. Die Teigränder anfeuchten, den Deckel auslegen und andrücken. Den Deckel mit einer Nadel mehrfach einstechen, damit der Backdampf entweichen kann, und mit dem verquirlten Eigelb bestreichen. Die Pastete etwa 90 Minuten bei 200 °C im vorgeheizten Backofen goldbraun backen. Die Pastete aus dem Ofen nehmen und über Nacht auskühlen lassen, aus der Form stürzen und mit Johannisbeer-Gelee servieren.

Wildpastete

Zutaten:

Teig:	Füllung:
1/2 l Wasser	400 g Fleisch (Hase, Reh,
1 1/2 kg Mehl	Hirsch- oder Wildschwein)
125 g Butter	100 g Speckwürfel
125 g Nierenfett	2 Schalotten oder Zwiebeln
1 Ei	Zitronenschale
	Estragon, Basilikum, Majoran
	Salz, Pfeffer, Nelken
	Nelkenpfeffer, Essig
	3 Lorbeerblätter
	50 g Butter
	Speckscheiben

Für eine mittelgroße Pastete verkocht man 1/2 l Wasser mit 125 g Butter und 125 g Nierenfett, nimmt 1 1/2 kg Mehl auf ein Backbrett, macht in der Mitte ein Loch, rührt kochendes Wasser nach und nach zum Mehl und macht einen Teig daraus. Dieser muss so fest sein, dass man den Rand ein Stück in die Höhe ziehen kann. Vorher wird das Fleisch gewaschen, von Haut und Sehnen getrennt, in passende Stücke geschnitten und der Speck untergehoben. Für eine Marinade nimmt man Schalotten oder Zwiebeln, Zitronenschale, Estragon, Basilikum, Majoran, Salz, Nelken, Pfeffer und Nelkenpfeffer, alles feingestoßen, gibt Essig hinzu, reibt das Fleisch damit ein, legt es mit einigen Lorbeerblättern und Butterstückchen auf Speckscheiben in einen Topf und lässt es fest zugedeckt halb gar werden. Nun rollt man ein Stück Teig als Boden einen halben Finger dick aus, legt es in eine mit Butter bestrichene Auflaufform, rollt ein Stück Teig für den Rand mit den Händen zu einem Kringel, drückt es mit dem Nudelholz ungefähr eine Handbreit auseinander und schneidet beide Enden glatt ab.

Der Rand muss höher sein als das darin liegende Fleisch, damit Raum für die Sauce bleibt. Man bestreicht nun den Boden mit Eigelb, setzt den Rand ein, legt einige dünne Speckscheiben auf den Boden und an die Seiten, streicht etwas Bratensaft, den man zuvor durch ein feines Sieb laufen lässt, darüber und ordnet nun das Fleisch mit einigen Zitronenscheiben, nach der Mitte etwas höher, und nicht zu fest in die Pastete, damit sie eine gute Form erhält. Ist das Fleisch nicht gut gewürzt, streut man noch etwas Salz und Pfeffer darüber und deckt es mit Speckscheiben zu. Dann bestreicht man den Rand der Pastete mit Eigelb, rollt ein Stück Teig aus, legt es darauf und drückt es an. Den überstehenden Teig schneidet man ringsherum ab, formt von dem Rest Verzierungen und legt diese auf die Pastete. In der Mitte muss eine fingerhutgroße Öffnung aus dem Teig geschnitten und eine kleine Röhre von Teig darauf gesetzt werden. Die Pastete sollte Luftzufuhr haben, da sie sonst platzen würde. Durch die Öffnung füllt man den restlichen Bratensaft ein und backt die Pastete im Ofen bei etwa 200 °C bis der Teig hellbraun wird.

Zum Anrichten kann man Trüffelsauce dazu reichen.

Hirsch

Schweine-Rillettes

Zutaten für 4 Gläser:

2 kg Schweinebauch
1 Apfel (säuerlich)
2 Zwiebeln
125 g Gänseschmalz
Salz
Schwarzer Pfeffer
aus der Mühle
4 - 5 Lorbeerblätter
2 Zweige Liebstöckel

Den Schweinebauch von der Schwarte befreien und in kleine Würfel schneiden, den Apfel schälen, das Kerngehäuse entfernen und klein schneiden, die Zwiebeln schälen und ebenfalls in kleine Würfel schneiden. Das Fleisch in einen großen Schmortopf geben, Salz, Pfeffer, zerkleinerte Lorbeerblätter und Liebstöckel, Apfel und Zwiebeln untergeben. Das Gänseschmalz wird in Stücken darauf verteilt. Das Ganze bei schwacher Hitze garen, bis das Fleisch weich ist. Dabei gelegentlich umrühren. Ein Sieb auf eine große Schüssel setzen, die Mischung hineinschütten. Das Fleisch herausnehmen und mit den Händen oder einer Gabel zerkleinern. Je kleiner die Stücke geraten, umso besser werden die Rillettes. Das Fleisch wird wieder in den Schmortopf gegeben und vom abgetropften Fett etwa 4 bis 5 Schöpflöffel abgenommen und beiseite gestellt. Vom restlichen Fett gibt man etwa 1/4 l wieder unter das zerpflückte Fleisch und gart das ganze nochmals weitere 15 Minuten bei mittlerer Hitze. Die Masse wird in sterilisierte Gläser (gut gesäubert in einem großen Topf mit Wasser bedeckt etwa 5 Minuten kochen, im heißen Wasser belassen und erst kurz vor Gebrauch entnehmen und trocknen) gegeben und gründlich hineingedrückt, damit keine Luftlöcher entstehen. Etwas von dem beiseite gestellten Fett darübergießen und fest werden lassen. Die Gläser verschließen.

An einem kühlen Ort können sie bis zu 2 Monate gelagert werden, angebrochen halten sie gekühlt etwa 10 Tage.

Krebstorte

Zutaten:

Teig:	*Füllung:*
250 g Mehl	*3 - 4 Eier*
2 Eier	*50 g geriebener Parmesankäse*
30 g Schmalz	*125 g geriebener Lebkuchen*
2 El Wasser	*1/8 l Milch*
	Salz, Safran
	Salbei, Petersilie
	2 Dutzend Krebsschwänze
	1 süßer Apfel
	4 - 5 getrocknete Feigen

Das Schmalz erwärmen und verflüssigen. Mehl, Eier und Wasser zusammengeben, das Schmalz hinzufügen und zu einem Teig verarbeiten. Den Teig abdecken und im Kühlschrank etwa 1 Stunde ruhen lassen. Aus Eiern, Käse, Lebkuchen und Milch eine nicht zu dünne Füllmasse bereiten, die man mit den Gewürzen abschmeckt. Den Teig ausrollen und eine ofenfeste, mittelgroße Auflaufform damit auskleiden. Die Füllmasse gleichmäßig hineingeben und die Krebsschwänze sowie die geschnittenen Apfel- und Feigenstücke hinzufügen. Mit dem Rest des Teiges einen Deckel formen und den Rand festdrücken. Den Teig einstechen, damit die heiße Luft entweichen kann. Den Deckel mit flüssigem Schmalz bestreichen. Dann schiebt man die Torte bei 200 °C in den vorgeheizten Backofen und lässt sie etwa 45 Minuten goldbraun backen.

FISCH

Fische, Krebse, Frösche oder Austern galten seit dem Mittelalter als klassische Fastenspeisen. Gerade an der Tafel des Soldatenkönigs hatten sie als Zwischengericht in vielfältigen Variationen übers Jahr verteilt, aber vor allem im Frühjahr, einen festen Platz. Geräucherter Fisch wurde auch zum Frühstück oder zur Abendtafel gereicht. Dabei kamen nicht nur einheimische Arten auf den Tisch, sondern auch Importe aus ganz Europa.

Lachs in Krabbensauce

Zutaten:

1 kg frischer Lachs in Scheiben	*Petersilie*
	1/4 l holländische Sauce
Essig	*1 EL Krebsbutter*
Salz, Pfeffer	*1 EL saure Sahne*
Zitronensaft	*1 gehäufter EL gepulte Krabben*

Lachsscheiben säubern, mit Zitrone säuern und salzen. Den Fisch in kochendes, mit einem Schuss Essig versehenes Salzwasser legen, aufkochen und auf kleiner Flamme gar ziehen lassen. Wenn sich die Rückenflosse leicht herausziehen lässt, ist der Fisch gar. Den Lachs auf einer vorgewärmten Platte anrichten und mit Petersiliensträußchen garnieren.

Sauce Hollandaise herstellen (vgl. S. 104). Man kann auch fertige Sauce Hollandaise benutzen. Die Sauce mit Krebsbutter und Sahne verrühren, mit Pfeffer und Salz abschmecken und die Krabben hineingeben.

Die Sauce gesondert reichen.

Marinierte Neunaugen

Zutaten:

Pro Person 1 Fisch	*Grob gestoßener Pfeffer*
Öl, Essig	*Nelken*
Schalotten	*Lorbeerblatt*

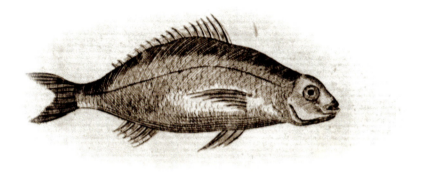

Rotauge

Die Neunaugen werden eine Stunde lang eingesalzen, dann abgespült, abgetrocknet und auf einem Rost bei starkem Feuer unter beständigem Umwenden gar gebraten. Hat man keinen Rost, so bestreicht man sie mit Öl und lässt sie in der Pfanne rösten und gar werden. Dann legt man sie in einen Topf. In einem anderen Gefäß werden Essig, Schalotten, grob gestoßener Pfeffer, Nelken und Lorbeerblätter miteinander aufgekocht. Abkühlen lassen, abseien und kalt über den Fisch geben.

Kalt wurden die Neunaugen zum Frühstück gegeben sowie zum Heringsalat. Warm genießt man sie mit Sauerkraut.

Krebse

Zutaten:

Pro Person 2 - 4 Krebse *Petersilie*
1/4 l Moselwein *Salz*
Kümmel

Krebs

Die gut gewaschenen Krebse werden in einen großen Topf mit kochendem Wasser geworfen, mit reichlich leichtem Moselwein übergossen und 40 bis 50 Minuten gegart. Man kann einen Löffel voll in ein Läppchen gebundenen Kümmel, Salz und frische Petersiliensträuße mitkochen lassen. Die Krebse werden in einer Terrine in der Brühe aufgetragen.

Gebratene Austern

Zutaten:

Pro Person 6 - 12 Austern	*Muskat*
Zitrone	*Gestoßener Zwieback*
1 Ei	*Butter*

Austern öffnen, herausnehmen und etwas Zitronensaft aufträufeln. Anschließend wendet man die Austern in Ei und Muskat, darauf in gestoßenem Zwieback. Danach lässt man sie einige Minuten in zerlassener Butter backen, aber nicht zu lange, da sie sonst hart werden.

Man reicht sie zu Sauerkraut.

Hecht mit Mandeln

Zutaten:

800 g vorbereitetes Hechtfilet
1 Zitrone
2 Eier
Salz

100 g Butter
Paniermehl oder
geriebener Zwieback
100 g Mandelplättchen

Hecht

Das Hechtfilet in 4 gleichmäßige Portionen schneiden und mit Zitronensaft beträufeln. 30 Minuten ziehen lassen. Nun die Stücke in dem geschlagenen Ei, anschließend in Paniermehl und den Mandeln wälzen. Die Hechtstücke in einer Pfanne in heißer Butter von beiden Seiten goldbraun braten. Vor dem Auftragen mit Zitronenstückchen garnieren.

Dazu passt frischer Salat oder junges Gemüse.

Karpfen polnische Art

Zutaten:

1 großer Karpfen
Karpfenblut
1/2 l Wasser
1/2 l Bier
6 Perlzwiebeln

100 g Lebkuchenbrösel
Salz, Pfeffer
Etwas Zitronensaft
Etwas Zucker
Etwas Butter

Karpfen

Den ausgenommenen Karpfen waschen, innen salzen und aufrecht in einer Bratpfanne platzieren. Dazu den Karpfen im unteren Teil mit Holzspießen auseinanderdrücken. Wasser, Zwiebeln und Gewürze erhitzen. Den Sud über den Fisch gießen und im vorgeheizten Backofen bei 200 °C etwa 40 bis 45 Minuten dünsten. Wenn sich die Rückenflosse leicht herausziehen lässt, ist der Karpfen gar. Den Fisch auf einer vorgewärmten Platte anrichten. Die Brühe passieren, mit dem Schneebesen das beim Schlachten des Fisches aufgefangene Blut hineinrühren. Bier und Lebkuchenbrösel hinzugeben, aufkochen und mit Salz, Pfeffer und Zitronensaft abschmecken. Den Karpfen 5 Minuten in der Sauce ziehen lassen. Abschließend etwas Butter darüber zergehen lassen.

FLEISCH

Fleisch galt auch für die Hofküche des 18. Jahrhunderts als Zeichen des Wohlstandes. Der tägliche Genuss von Braten oder gekochtem Fleisch gehörte zum Kanon einer fürstlichen Tafel. Zur Hebung des Genusses reichte man dazu üppige Sahnesaucen.

Boef à la Mode

Zutaten:

2 kg Rinderbraten
Salz, Pfeffer
Nelkenpfeffer
100 g Butter
Mehl
1 Tasse gewürfelte saure Gurken
Etwas Sahne

Das Fleisch wird gut geklopft, mit Salz, Pfeffer und Nelkenpfeffer eingerieben, dann in Mehl gewälzt. In einem großen Topf lässt man Butter heiß werden. Das Fleisch wird in den Topf gegeben und angebraten, gelegentlich gewendet, ohne dabei in das Fleisch zu stechen. Ist das Fleisch richtig braun, wird soviel kochendes Wasser hinzugegeben, bis das Fleisch zur Hälfte bedeckt ist. Das Fleisch im geschlossenen Topf schmoren. Nach 1 1/2 Stunden wendet man das Fleisch, gibt die Tasse saurer Gurken hinzu und gart alles weiter. Die Schmorzeit beträgt etwa 2 Stunden. Dann nimmt man das Fleisch heraus, schneidet es in Scheiben und richtet es auf einer Platte an. Das Fett von der Sauce abnehmen und diese mit etwas Sahne verfeiern.

Man reicht dazu Champignons, Trüffel oder Kastanien.

Hammelzungen in Biersauce

Zutaten:

2 - 3 Hammelzungen	50 g Mehl
1 Zwiebel	1/2 l helles Bier (kein Pils)
1/2 Lorbeerblatt	1/4 l Fleischbrühe
Einige Pfefferkörner	Salz, Pfeffer
1 Nelke	1 Prise Zucker
60 g Fett	

Die Zungen mit den Gewürzen in heißes Salzwasser geben und so lange kochen, bis sich die Spitzen leicht durchstechen lassen. Zungen unter kaltem Wasser abziehen, Knorpelteile entfernen und aufschneiden. Aus Fett und Mehl eine helle Mehlschwitze zubereiten, mit Bier und Brühe ablöschen. Die Sauce 20 Minuten kochen, abschmecken und das Fleisch darin erhitzen.

Ochsenzunge

Zutaten:

1 große Ochsen-, Rinderzunge oder
2 kleine Kalbszungen
Etwas Weißwein
2 - 3 Schalotten
Suppengrün

Pfefferkörner
1/2 Lorbeerblatt
2 Pimentkörner
Salz

Die Zunge gründlich waschen und abbürsten, in leicht gesalzenem Wasser mit Suppengrün gar kochen. Anschließend sofort die Haut in kaltem Wasser abziehen. Die Hälfte der Kochbrühe kräftig mit Weißwein abschmecken, mit Pfefferkörnern, Lorbeerblatt, Pimentkörnern und Schalotten aufkochen. Die Zunge hineingeben und ziehen lassen, herausnehmen, aufschneiden und mit gebutterten Gemüsen anrichten.

Als Sauce eignet sich Hollandaise oder Kapernsauce.

Lorbeer

Kalbsbraten mit Artischocken

Zutaten:

ca. 1 1/2 kg Kalbsnierenbraten *Petersilie, Thymian*
Schmalz zum Braten *2 TL Speisestärke*
1/4 l Fleischbrühe *1 Dose Artischockenböden*
1/4 l Rotwein *75 g Ochsenmark*
3 Schalotten *Salz, Pfeffer*
1/2 Lorbeerblatt *Zitronensaft*

Fleisch in die Pfanne legen, mit heißem Schmalz begießen, in den Ofen schieben und unter gelegentlichem Beschöpfen anbräunen. Dann Brühe angießen, den Braten leicht salzen und etwa 1 1/2 Stunden bei mäßiger Hitze garen. Dabei immer wieder den Braten beschöpfen. Anschließend den Braten aus der Pfanne nehmen und warm stellen. Fond mit Rotwein zusammengeben, geschnittene Schalotten, Lorbeerblatt, gehackte Petersilie und Thymian hinzufügen, durchkochen und passieren. Die Speisestärke kalt anrühren und die Sauce damit binden. Selbige mit Salz, Pfeffer und Zitronensaft abschmecken und etwas kleingewürfeltes, überbrühtes Ochsenmark unter die Sauce rühren. Artischockenböden erhitzen, eine Scheibe Ochsenmark darauf geben und mit der Sauce begießen. Den aufgeschnittenen Braten und die Artischockenböden auf einer vorgewärmten Platte anrichten und mit Sauce begießen. Dazu passen junge, in Butter geschwenkte Gemüse und grüner Salat.

Artischocke

Hühnerfrikassee

Zutaten:

1 küchenfertige Poularde (ca. 1 kg)
1 Bund Suppengemüse
2 Zwiebeln
2 Lorbeerblätter, Salz
100 g Zuckerschoten
100 g Champignons

1/4 l Milch
3 Päckchen helle Sauce
1 Glas Weißwein
Salz, Pfeffer
Zitronensaft
1/2 Bund Petersilie

Poularde abspülen, trockentupfen. Suppengemüse putzen, waschen, klein schneiden. Zwiebeln abziehen, vierteln. Poularde, Suppengemüse, Zwiebeln und Lorbeerblätter in einen großen Topf geben, 1 1/2 l Salzwasser zufügen und zum Kochen bringen. Ca. 1 Stunde bei mittlerer Hitze köcheln lassen. Poularde und Möhren herausnehmen. Brühe durch ein Sieb geben und am besten über Nacht im Kühlschrank abkühlen lassen. Poulardenfleisch von den Knochen lösen und klein schneiden. Möhren würfeln. Zuckerschoten putzen, waschen, klein schneiden und in kochendem Wasser ca. 2 Minuten blanchieren, abgießen, mit kaltem Wasser abschrecken und abtropfen lassen. Champignons putzen, in Scheiben schneiden. Fettschicht von der Brühe nehmen. 1/2 l Hühnerbrühe abmessen. Brühe und Milch zum Kochen bringen und das Saucenpulver einrühren, einmal aufkochen. Wein zugeben. Mit Salz, Pfeffer und Zitronensaft abschmecken. Fleisch, Möhren, Zuckerschoten und Champignons ca. 5 Minuten bei schwacher Hitze in der Sauce erwärmen. Frikassee mit gehackter Petersilie darüberstreuen.

Schinkenbraten

Zutaten:

1 kg gepökelter Schweineschinken

1 Hand voll Nelken
ca. 150 g brauner Zucker

Den Backofen auf 100 °C vorheizen. Den unbehandelten Schinken auf dem Rost etwa 1 Stunde garen, anschließend herausnehmen und von der Schwarte befreien. In die Fettschicht Quadrate schneiden, in jedes Quadrat eine Nelke stecken. Die Schicht mit braunem Zucker bestreuen. Schinken bei 180 °C wieder in den Ofen geben, bis der Zucker karamelisiert.

Dazu kleine Karotten weichkochen und als Beilage dazugeben.

Zuckerbirnen mit Bratwurst, mit Zucker und Zimt

Zutaten:

4 Birnen
500 g frische, grobe Bratwurst
2 TL Zucker
etwas Zimt
30 g Korinthen

1 Zitronenschale
1/2 Glas Rheinwein
1/2 Tasse Brühe
etwas Butter zum Braten

Birnen schälen und in kleine Stücke schneiden. Man bestreut sie mit Zucker sowie Zimt und lässt sie etwa 60 Minuten stehen. Die Korinthen mit etwas lauwarmem Wasser zum Quellen warmstellen. In einer Pfanne etwas Butter erhitzen und die Bratwurst darin anbraten. Dann die Birnen, Korinthen und Zitronenschale in die Pfanne geben. Sind die Birnen weich und die Bratwurst gar, gibt man den Rheinwein und die Brühe hinzu und lässt alles noch ein paar Minuten köcheln. Zum Anrichten eventuell die Sauce abgießen.

Fleisch in Papierhülle

Zutaten:

Pro Person 100 g Kalbsschnitzel oder anderes Fleisch

10 g Butter
Salz

Schnitzel klopfen und salzen, fest in ein dünn mit Butter bestrichenes Pergamentpapier einwickeln. Der Falz muss oben liegen, damit der Saft nicht auslaufen kann. Im heißen Backofen gar werden lassen. Dazu reicht man gedünstete Möhren.

Diese Art der Schutzkost wurde bei Leber- und Gallenkrankheiten, aber auch bei Gicht angewandt.

Wacholder

WILD

Wildbret gehört zu den ältesten Nahrungsmitteln überhaupt und hatte gerade an der fürstlichen Tafel einen festen Platz als Zeichen der Herrschaft, mit der das Jagdrecht verbunden war. Die große Zahl verschiedener Tiere, die Vielfalt der Rezepte sowie die Kunstfertigkeit der Köche erstaunt noch heute.

Rehrücken mit Kirschmus

Zutaten:

1 Rehrücken (ca. 1 1/2 kg)	*50 g Mehl*
5 Wacholderbeeren	*1/2 Becher saure Sahne*
Salz, Pfeffer	*2 Pfirsiche o. a. Obst*
150 g Speck	*Zitronensaft*
50 g Butter	*4 EL Zucker*
1/3 l Brühe	*4 TL Kirschmus*

Den Rehrücken sorgfältig häuten, mit Salz, Pfeffer und zerstoßenen Wacholderbeeren einreiben, mit 100 g Speck spicken und mit zerlassener Butter bestreichen. Den restlichen Speck in Würfel schneiden und in der Pfanne anbraten. Den Rehrücken hineingeben und nochmals mit Butter bestreichen. Im vorgeheizten Backofen bei 180 bis 200 °C etwa 40 bis 50 Minuten braten, von Zeit zu Zeit mit dem Bratensud begießen. Nach dem Braten den Bratfond durch ein Haarsieb gießen, Mehl mit saurer Sahne verrühren und die Sauce damit binden, mit Zitronensaft abschmecken. Pfirsiche halbieren, Kerngehäuse entfernen und mit Zitronensaft und Zucker in etwas Wasser kurz dünsten. Pfirsichhälften mit Kirschmus füllen und zusammen mit dem Rehrücken auf einer Bratenplatte anrichten.

Wildente mit Bratäpfeln

Zutaten:

1 - 2 Wildenten	Salz, Pfeffer, Majoran
2 Äpfel	Zitronensaft
2 altbackene Semmeln	100 g fetter Räucherspeck
1/4 l Milch	10 g Speisestärke
2 Eier	Etwas Portwein
Schmalz	2 - 3 EL Johannisbeergelee

Die Ente waschen, vorsichtig die Fettdrüse entfernen, abtrocknen, von innen und außen salzen. Semmeln in Milch einweichen, ausdrücken und mit den Eiern, Salz, Pfeffer, Majoran und Zitronensaft glattrühren. 50 g Speck in etwas Schmalz fein würfeln und in der Pfanne anrösten, feingeschnittene Innereien der Ente (Herz, Magen, Leber) darin dünsten und mit der Semmelmasse verrühren. Die Ente wird damit gefüllt und anschließend zugenäht. Keulen und Flügel der Ente mit Speckscheiben umwickeln und festbinden. Schmalz mit dem restlichen Speck anbraten. Die Ente in einen Bräter legen und mit dem heißen Speckfett begießen. Unter häufigem Beschöpfen mit dem Bratfett nach und nach bräunen. Nach dem Bräunen etwas Wasser zugeben und etwa 90 Minuten im Bräter garen. Bratensatz bei Bedarf mit Wasser nachfüllen. Am Schluss den Braten herausnehmen, den Fond mit kalt angerührter Speisestärke binden und mit Wein abschmecken. In den letzten 7 bis 10 Minuten der Bratzeit vom Kerngehäuse befreite Äpfel mitbraten, herausnehmen und mit Johannisbeergelee füllen. Die Ente auf einer vorgewärmten Platte mit den Äpfeln anrichten.

Wildschweinbraten mit Apfelsinen

Zutaten:

2 kg Wildschweinfleisch	40 g Mehl
1 - 2 Zwiebeln	1 EL Weinbrand
Salz, Pfeffer	
65 g Schmalz	Für die Garnitur:
1 ungespritzte Orange	1 - 2 ungespritzte
50 g Butter	Orangen

Wildschwein

Fleisch unter fließendem Wasser abspülen, abtrocknen und mit Pfeffer und Salz einreiben. In der Bratpfanne mit heißem Fett übergießen, kurz anbraten, geschnittene Zwiebeln zugeben und mit heißem Wasser angießen. Unter regelmäßigem Beschöpfen etwa 90 Minuten gar braten. 20 Minuten vor der Fertigstellung Orangensaft und in Streifen geschnittene Orangenschalen hinzugeben. Ist der Braten fertig, nimmt man das Fleisch aus der Pfanne, bei Bedarf wird der Fond aufgefüllt. Butter in einer Pfanne erhitzen und das Mehl darin goldbraun werden lassen. Mit dieser Mehlbutter wird der Fond gebunden. Die Sauce mit Salz, Pfeffer, Orangensaft und Weinbrand abschmecken. Das Fleisch aufschneiden und auf einer vorgewärmten Platte anrichten. Zwischen die Fleischscheiben jeweils 1 Orangenscheibe legen.

Dazu kann man Apfelmus, Grünkohl oder Maronenpüree reichen.

Ragout aus Wildresten

Zutaten:

500 g gebratenes Wildfleisch	*Für die dunkle Grundsauce:*
1/2 l dunkle Grundsauce	*40 g Fett*
Rotwein	*50 g Mehl*
Zitronensaft	*1/2 l Fleischbrühe*
Pfeffer, Zucker	*Etwas Sahne*
1 Gewürzgurke	

Für die dunkle Grundsauce Fett zerlassen, Mehl unter Umrühren auf kleiner Flamme darin anschwitzen, bis es dunkelbraun ist. Nach und nach mit lauwarmer Brühe aufgießen, zwischendurch immer wieder aufkochen lassen und mit dem Schneebesen rühren. Die Sauce durchkochen lassen. Vor dem Servieren einen Schuss Sahne hinzugeben.

Die angegebenen Zutaten in die Sauce geben und abschmecken. Anschließend fügt man das fein gewürfelte Fleisch dazu und lässt alles aufkochen. Nach Belieben kann eine gewürfelte Gewürzgurke hinzugefügt werden.

Das Ragout kann mit Makkaroni, Weißbrot oder in einer Blätterteigpastete serviert werden.

Ente

Fasan auf Sauerkraut

Zutaten:

1 küchenfertiger Fasan	*80 g Butterschmalz*
Thymian	*Weißwein*
6 Wacholderbeeren	*1/8 l süße Sahne*
3 - 4 dünne Speckscheiben	*Salz, weißer Pfeffer*

Fasan

Den Fasan waschen, trockentupfen und außen wie innen mit Salz und Pfeffer einreiben. Thymian und Wacholderbeeren werden im Mörser fein zerdrückt, der Fasan damit innen gewürzt. Anschließend umwickelt man den Fasan mit Speckscheiben und bindet alles mit Küchengarn zusammen. Mit der Brust nach unten wird der Fasan in einen Bräter gelegt, das Butterschmalz erhitzt und der Vogel damit begossen. Bei 220 °C brät man etwa 15 bis 20 Minuten. Das Ganze wird dann mit Weißwein abgelöscht und unter ständigem Begießen mit Bratenfett weitere 30 bis 40 Minuten goldgelb gebraten. Den Bratenfond mit etwas kaltem Wasser aufgießen und die Sahne einrühren.

Den Vogel mit Weinsauerkraut reichen.

Haschee vom Hasen mit Zucker, Zitrone und Wein

Zutaten:

1 Portion Hasenklein (Brust- und Bauchstücke, Innereien)
50 g magerer, gewürfelter Speck
1 kleingehackte Zwiebel
50 g Mehl
Salz, Pfeffer, Zucker
Rotwein
1 Tasse Hasen- oder Schweineblut

Das Hasenklein waschen, in Ragoutstücke teilen, eventuell einige Tage zuvor in einer Rotweinbeize marinieren. Das Fleisch mit Zwiebelwürfeln in ausgebratenem Speck von allen Seiten kräftig bräunen. Mit Mehl bestäuben, kurz weiterbräunen, mit etwa 1/2 l Wasser auffüllen, salzen und pfeffern. Zugedeckt bei schwacher Hitze etwa 70 bis 80 Minuten schmoren. Vor dem Anrichten mit Rotwein abschmecken und etwas Zucker hinzugeben. Zuletzt, nach Belieben, das Blut in die vom Feuer genommene Sauce rühren, nicht mehr kochen.

BEILAGEN

Zu den Beilagen oder Nebengerichten gehörten zur Zeit des Soldatenkönigs wesentlich mehr Gerichte als heute. Dazu zählte man auch verschiedene Eiergerichte, Teigwaren, Haschees sowie Fleischgerichte mit Gemüse. Vor allem die fein angerichteten vielfältigen Gemüsesorten rechnete man zu den Beilagen. Gemüse reichte man wegen seines Wohlgeschmacks, seiner Seltenheit, seiner Form oder Farbe. Über die nahrhafte Beschaffenheit wusste man noch wenig.

Gedünstete Maronen

Zutaten:

750 g Maronen
50 g Butter
Salz, Pfeffer

Zucker
1/8 l Sahne
1/8 l Madeira

Die Maronen an den Spitzen kreuzweise einschneiden, etwa 10 Minuten in kochendem Wasser ziehen lassen bis die Schalen aufspringen. Man kann auch die Maronen einschneiden, auf ein Backblech legen und im heißen Ofen aufspringen lassen. Anschließend die Schalen mit den darunterliegenden Häutchen abziehen. Etwas Zucker in Butter bräunen, die Maronen darin andünsten, mit verdünntem Madeira auffüllen, salzen und gar dünsten. Die Brühe mit Sahne binden und mit Madeira abschmecken, leicht pfeffern.

Weinsauerkraut

Zutaten:

500 g Weinsauerkraut	*6 Gewürznelken*
2 EL Butterschmalz	*1/4 l weißer Traubensaft*
1 Lorbeerblatt	*Salz, weißer Pfeffer*

Das Weinsauerkraut in zerlassenem Butterschmalz anbraten, Gewürze und etwas Wasser zugeben und zugedeckt garen. Nach 15 Minuten den Traubensaft zugeben und weitere 15 Minuten garen. Das Lorbeerblatt entfernen und anrichten.

Maronenpüree

Zutaten:

750 g Maronen *Salz, Pfeffer*
50 g Butter *2 EL Sahne*
1/2 l Brühe

Die Maronen schälen und abziehen, mit Fleischbrühe weich kochen, passieren, mit Salz und Pfeffer abschmecken, mit Butter und Sahne verfeinern. Maronenpüree passt zu Wild, Wildgeflügel, Enten- oder Gänsebraten.

Gans

Gestowter Kopfsalat

Zutaten:

1 großer Kopfsalat
Salz
Muskatnusss
Butter
Zwieback oder Mehl

Man kann dazu auch weniger frischen Salat nutzen. Den Salat verlesen und die Blätter waschen. Dann wird der Salat in kochendem Wasser blanchiert, auf einen Durchschlag geschüttet, ausgedrückt und fein gehackt. Dann röstet man etwas zerstoßenen Zwieback oder etwas Mehl in Butter, gibt ein wenig kochendes Wasser, Salz und Muskatnuss hinzu. Dies wird mit dem Salat vermengt und angerichtet.

Dazu passen Würste, kalter Braten oder gebratene Leber.

Hopfensprossen

Zutaten:

Junge Hopfensprossen	*Zwieback*
Salz	*Muskat*

Hopfen

Junge Hopfensprossen verlesen, zu kleinen Bündeln binden und in Salzwasser gar kochen. Dann die Sprossen auf einem Sieb abtropfen lassen und die Fäden vom Binden sorgfältig herausziehen, anrichten und mit Zwieback und Muskat bestreuen.

Man kann eine säuerliche Sauce wie Eiersauce dazu reichen. Als Beilage passen gebackener Fisch, Koteletts, Rauchfleisch oder Rühreier.

Grünkohl

Zutaten:

1 1/2 - 2 Köpfe Kohl	*1 - 2 kleine Zwiebeln*
Fleischbrühe	*1 - 2 EL Mehl*
Schweinefett oder Butter	*Porree*
Muskat, Nelken	*Zucker oder Sirup*

Der Grünkohl schmeckt am besten wenn er etwas Frost bekommen hat. Die Blätter werden von den Rippen gestreift und gewaschen. Dann gibt man sie in einen großen Topf mit Salzwasser und lässt den Kohl, je nach Festigkeit, 15 bis 20 Minuten kochen. Dann gießt man das Wasser ab, lässt ihn in einem Sieb abtropfen, drückt ihn aus, hackt ihn klein und setzt ihn in einem Topf in Fleischbrühe (geringe Menge) mit Schweinefett oder Butter auf. Das Ganze auf kleiner Flamme etwa 90 Minuten zugedeckt weiterdünsten. Je nach Geschmack etwas Muskat, Nelken, 1 bis 2 kleine Zwiebeln oder ein wenig Porree hinzugeben. Am Ende der Garzeit 1 bis 2 EL Mehl darüberstreuen, noch etwas ziehen lassen. Nach Wunsch kann man etwas Zucker oder Sirup hinzufügen. Das Ganze wird auf einer erwärmten Schüssel angerichtet. Der Kohl darf nicht zu viel Flüssigkeit haben.

Erbspüree

Zutaten:

500 g getrocknete Erbsen	*Butter, Zucker*
1/4 l weißer Rheinwein	*Salz, weißer Pfeffer*
1 l Gemüsebrühe (instant)	*1 TL süße Sahne*
1 Stange Lauch	

Erbsen über Nacht eingeweicht stehen lassen, dann in Gemüsebrühe und Wein weichkochen, abtropfen lassen. Die Erbsen mit dem Stab pürieren, mit Salz, Pfeffer, Zucker abschmecken und etwas Sahne hinzugeben. Lauch waschen und kleinschneiden. Anschließend mit Butter in der Pfanne leicht bräunen und über das Erbspürree geben.

Sauerampfer

Zutaten:

1 kg Sauerampfer *1 Tasse süße Sahne oder Milch*
50 g Butter *Salz, Muskatnuss*
2 - 3 EL Zwieback

Der Sauerampfer wird verlesen, die größeren Blätter von den Stielen gezupft und gewaschen, anschließend blanchiert. Der Sauerampfer muss allerdings ein paar Minuten länger im Wasser bleiben, um die Säure herauszuziehen. Dann wird er mit einem Schaumlöffel aus dem Wasser genommen und gedrückt, um das Wasser herauszubringen. Anschließend schwitzt man 2 bis 3 EL Zwieback in etwa 50 g Butter an, gibt eine große Tasse süße Sahne oder Milch, Salz und Muskatnuss hinzu und lässt alles in einem Topf nochmals kurz durchkochen. Die Brühe darf nicht zu wässrig werden, muss vielmehr gut gebunden sein. Man gibt den Sauerampfer in eine Schüssel und garniert ihn mit gerösteten Weißbrotscheiben.

Der Sauerampfer passt zu Zunge, Leber, Rauchfleisch und Omelette.

Makkaroni in Pfifferlingsauce

Zutaten:

100 g durchwachsener Speck	*Butter*
300 g Pfifferlinge	*Salz, Pfeffer*
2 kleine Zwiebeln	*150 g saure Sahne*
400 g Makkaroni	*1 Bund Schnittlauch*
Traubenkernöl	*2 EL Majoranblätter*

Zwiebeln fein würfeln, Speck in schmale Streifen schneiden. Pfifferlinge in einem Sieb abbrausen, wenn nötig putzen. Makkaroni in reichlich Salzwasser kochen und in einem Sieb abtropfen lassen. Öl in einer Pfanne erhitzen und Speck darin anbraten, anschließend herausnehmen. Die Butter im Bratfett zerlassen. Zwiebeln und Pfifferlinge darin anbraten bis die Flüssigkeit vollständig verdampft ist. Den Speck und die saure Sahne dazugeben, erwärmen und mit Salz und Pfeffer abschmecken. Majoranblätter hacken und Schnittlauch klein schneiden. Majoran unterheben und über die abgetropften Makkaroni geben. Das Gericht mit Schnittlauch bestreuen.

Majoran

Möhren-Gemüse

Zutaten:

2 Bund Möhren
(500 g Zuckerschoten)
60 g Butter
1/8 l Gemüsebrühe

200 g Schinken
1 Bund Basilikum
Zucker, Salz, Pfeffer

Möhren putzen und in dünne Scheiben schneiden. Wenn man Zuckerschoten dazugeben möchte, diese vorher entfädeln. Die Möhren in 20 g heißer Butter andünsten. Mit Salz, Pfeffer und Zucker würzen. Gemüsebrühe und Zuckerschoten hinzugeben und alles etwa 8 Minuten zugedeckt garen. Den Schinken würfeln, Basilikumblätter von den Stielen zupfen und in Streifen schneiden. Die restliche Butter wird in eine andere Pfanne gegeben und zerlassen bis sie hellbraun ist. Gemüse mit der Schaumkelle aus dem Sud nehmen und mit den Schinkenwürfeln mischen, auf einer Platte anrichten, mit der braunen Butter übergießen und mit Basilikum überstreuen.

Basilikum

Weiße Rüben mit Hammelfleisch

Zutaten:

600 g Hammelfleisch *Mehl*
1 kg weiße Rüben *Butter*
Kümmel *1 EL Sahne*

Hammelfleisch waschen und in kochendem Wasser aufsetzen, kochen und regelmäßig abschäumen. Wenn das Fleisch fast weich ist, die geschnittenen Rüben sowie gestoßenen Kümmel in einem Läppchen hinzugeben. (Falls die Rüben bitter sind, vorher blanchieren.) Alles in der Fleischbrühe weich kochen und schließlich mit einer Mehlschwitze andicken und mit Sahne verfeinern.

Kümmel

Eier in Kapern-Sud

Zutaten für ein Glas:

12 hartgekochte Eier	50 g Kapern, Salz
1 Bund Zitronenmelisse	1 EL Senfkörner
2 frische Lorbeerblätter	1/4 l Obstessig
1 unbehandelte Zitrone	2 EL Honig
1 Stück frischer Meerrettich	

Die Zitrone heiß waschen, abtrocknen und die Schale spiralförmig ohne weiße Innenhaut abschneiden. Eine Hälfte der Zitrone vollkommen schälen und in kleine Stücke schneiden und dabei von den Kernen befreien. Die Kräuter waschen. Den Meerrettich schälen, waschen und in Stücke schneiden. Die Lorbeerblätter, Zitronenstücke und die -schale werden gemeinsam mit dem Meerrettich, Senfkörnern, den Kapern, dem Honig und Essig sowie etwas Salz in einem Topf gemischt. 3/8 l Wasser hinzugießen und alles zum Kochen bringen. Die geschälten Eier in ein großes, verschließbares Glas geben. Den heißen Sud über die Eier geben, so dass sie ganz bedeckt sind. Wenn alles abgekühlt ist, kann man das Glas verschließen. Die Eier sollten vor dem Verzehr mindestens zwei Tage ziehen und kühlgestellt werden.

SAUCEN

Saucen waren in der fürstlichen Küche des 18. Jahrhunderts nicht als Nebensache zu betrachten. Sie galten vielmehr als Krönung des Essens. Ein Gericht wird durch eine gute Sauce gehoben, der Geschmack verfeinert. Über die Grundrezepte hinaus kannte der Einfallsreichtum der Köche keine Grenzen.

Braune Sardellensauce

Zutaten:
125 g fein gehackte Sardellen
Mehl
2 Schalotten
1/2 l Bouillon
Estragon, Nelkenpfeffer
1 Zitronenschale
1 Schuss Zitronensaft oder Essig
1 TL Kapern

Man lässt Schalotten und Mehl in Butter gelbbraun werden, gibt dann die Bouillon mit Estragon, Nelkenpfeffer, Zitronenschale und einen Spritzer Zitronensaft oder Essig dazu. Dies alles wird aufgekocht und durchgerührt, dann mit Kapern und feingehackten Sardellen kurz durchgekocht.

Knoblauch und Zwiebel

Zwiebelsauce zu gekochtem Fleisch

Zutaten:

6 kleine Zwiebeln oder	*Muskat*
Schalotten	*Salz, Butter*
Butter	*Zitronenscheiben oder*
1 EL Mehl	*Zitronensaft*
1/2 l Bouillon	*2 - 3 Eigelb*

Zwiebeln in kleine Würfel schneiden und in Butter anschwitzen. Dann gibt man 1 EL Mehl hinzu bis das Mehl von der Butter aufgenommen wurde, rührt schließlich soviel Bouillon hinzu bis die Sauce sämig wird. Diese wird durch ein Sieb gestrichen, damit die Zwiebeln zurückbleiben. Die Zwiebeln können jedoch auch in der Sauce bleiben. Zur Abrundung gibt man Muskat und Salz hinzu, lässt außerdem einige Zitronenscheiben einen Augenblick mitkochen. Ein Spritzer Zitronensaft tut es auch. Dann wird die Sauce vom Feuer genommen und mit 1 Stück Butter und 2 bis 3 Eigelb verfeinert.

Weiße Sardellensauce

Zutaten:

125 g fein gehackte Sardellen oder Sardellenpaste
2 mittlere Zwiebeln
50 g Schweinefett
1 TL Kapern, evt. gehackt
3 EL Mehl
1/2 l Bouillon
1 Glas Weißwein
Geriebene Zitronenschale
Gehackte Küchenkräuter
Muskat
1 Eigelb, Butter

Feingeschnittene Zwiebeln und Mehl in zerlassenem Fett anbräunen und mit Bouillon auffüllen. Sardellenpaste dazugeben, mit Weißwein, Kapern und Zitronenschale unterrühren und zu einer pikanten Sauce verkochen. Mit einer Spur Muskat würzen und zum Schluss Küchenkräuter hinzugeben. Die Sauce mit 1 frischen Eigelb und 1 Stückchen frischer Butter verfeinern.

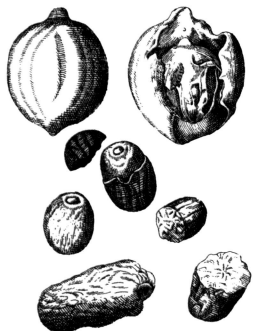

Muskatnuss

Krebssauce à l'Anglaise

Zutaten:

4 Eigelb	*1 Tasse Krebsbutter*
1 EL Mehl	*1/2 l Bouillon*
Muskatnuss, Salz	

Eigelb, Mehl, Salz, Muskat und die Krebsbutter mit der Bouillon anrühren und unter ständigem Rühren in einem kleinen Topf zum Kochen bringen, rasch von der Herdplatte nehmen und noch eine kleine Weile weiterrühren bis die Sauce richtig gebunden ist.

Man reicht sie zu Fleisch oder Gemüse.

Sauce Hollandaise

Zutaten:

90g Butter	*Muskat*
2 Eigelb	*Zucker*
knapp 1/4 l Fleisch- oder Gemüsebrühe	*Maximal 1 TL Zitronensaft*
	1 EL Saure Sahne
Salz	

Ein Drittel der Butter in einem kleinen Rührtopf im Wasserbad zerlassen, unter ständigem Schlagen etwas Brühe und ein Eigelb dazugeben. Nach weiterem Schlagen ein weiteres Drittel der Butter, etwas Flüssigkeit und ein weiteres Eigelb in die Flüssigkeit rühren. Wenn die Sauce dicklich zu werden beginnt, die restliche Butter hinein geben. Dann etwas Sahne mit der Sauce verrühren und mit Salz, Muskat, Zucker und Zitronensaft abschmecken.

Eiersauce mit Sahne

Zutaten:

3 Eigelb	*50 g Butter*
1 TL Mehl	*Muskatnuss*
1/4 l süße Sahne oder Milch	*Weißweinessig*

Eigelb, Mehl und Sahne werden in einem Topf auf dem Ofen verrührt. Anschließend gibt man die Butter, Muskatnuss und soviel Essig hinzu, dass die Sauce einen säuerlichen Geschmack bekommt. Man schlägt alles mit dem Schneebesen bis kurz vors Kochen.

Die Eiersauce wird zu Gemüse wie Bohnen oder Blumenkohl gereicht, aber auch zu hart gekochten Eiern.

Trüffelsauce

Zutaten:

40 g Fett	*50 g Räucherspeck*
40 g Mehl	*1 EL Zitronensaft*
1/2 l Fleischbrühe	*3 EL Madeira*
1 Zwiebel	*Zucker, Salz*
1 - 2 Trüffel	*Etwas Butter*
Etwas Suppengrün	

Mehl im Fett kräftig anbräunen, mit Brühe auffüllen. Zwiebel und Trüffel fein hacken, mit dem feingeschnitten Speck anrösten und mit der Sauce vermischen, gut durchkochen. Nach etwa 25 Minuten durchseien, mit Zitronensaft, Madeira, Salz und Zucker abschmecken, zum Schluss etwas Butter hineingeben.

Die Sauce passt zu Rindfleisch und Zunge.

Eine gute Salatsauce

Zutaten:

2 hartgekochte Eier	Salz, Zucker,
1 rohes Eigelb	weißer Pfeffer
4 EL Öl, Rotweinessig	2 feingehackte Schalotten
1 EL Rotwein	2 TL feingehackter Estragon
1 TL Senf	Evt. 1 EL Sardellenbutter

Die 3 Eigelb werden mit 1/2 EL Essig verrührt. Dann gibt man unter ständigem Rühren Senf, Salz, Zucker, Pfeffer, Schalotten und Estragon hinein. Anschließend fügt man nach und nach 1 EL Öl sowie den Wein hinzu und mischt zuletzt soviel Essig darunter, wie zum angenehmen Geschmack nötig ist. Um die Sauce weiter zu verfeinern kann man noch 1 EL Sardellenbutter hinzugeben.

Senf

SÜSSSPEISEN

Süßspeisen galten als kleine delikate Höhepunkte der königlichen Tafel. Sie wurden jedoch nicht ausschließlich am Ende der Speisenfolge serviert, sondern auch zwischen den einzelnen Gängen gereicht. In der Hofküche des Soldatenkönigs bereitete ein eigens engagierter Konditor die Süßspeisen zu. Dazu zählten auch Kuchen und Konfekt, die als besondere Delikatessen gerühmt wurden.

Erdbeer-Rhabarber-Kompott

Zutaten:

Pro Person	Geriebene Schale einer
125 g Rhabarberstangen (weich)	unbehandelten Zitrone
125 g Erdbeeren	2 TL Zucker,
1 Glas Weißwein	2 TL Vanillezucker
1 Stange Zimt	Evt. Zwieback

Von den Rhabarberstangen zieht man die Haut ab, schneidet sie in Stücke und setzt sie mit Wein, Zucker, abgeriebener Zitronenschale und 1 Stange Zimt in einem Topf zum Kochen auf. Die Erdbeeren waschen, in Stücke schneiden und hinzugeben, wenn der Rhabarber leicht eingedickt ist. Wenn die Früchte eingekocht sind, macht man das Kompott mit etwas fein gestoßenem Zwieback sämig. Man kann auch die Früchte mit einem Schaumlöffel herausnehmen und die Brühe mit reichlich Zucker sämig kochen. Das empfiehlt sich vor allem, wenn der Rhabarber sehr sauer ist. Schließlich gibt man sie wieder über die Früchte. Das Kompott kann mit in Butter geröstetem Weißbrot gereicht werden.

Mandel-Kuchen

Zutaten:

375 g gehackte süße Mandeln   250 g Butter
375 g Zucker   1 Ei
175 g Mehl   2 g Zimt, Orangenschale

Von den Mandeln etwa die Hälfte zurücklegen. Der Rest wird mit Zucker und Zimt vermengt und mit Butter, Mehl, 1 Eigelb zusammengegeben und zu einem Teig verrührt. Den Teig drückt und rollt man in einer Quicheform aus und zieht den Rand hoch. Darüber streicht man das gezuckerte, geschlagene Eiweiß und gibt die restlichen Mandeln und die Orangenschalen auf den Kuchen. Dann wird er im Ofen bei 150 bis 170 °C etwa 30 Minuten goldbraun gebacken. Der Kuchen kann in der Form serviert werden.

Tischdekoration

Maulbeer-Apfel-Kuchen

Zutaten:

Teig:	*Füllung:*
500 g Mehl	*500 g frische Maulbeeren*
80 g feiner Zucker	*400 g Apfelkompott*
1 TL abgeriebene Orangenschale	*1 EL Mehl, 3 EL Wasser*
(ungespritzt)	*100 - 150 g feiner Zucker je nach Süße*
185 g Butter	*der Früchte*
2 - 3 EL eiskaltes Wasser	
2 Eigelb	
1 Eigelb mit Wasser verquirlt	
1 Eiweiß zum bestreichen	
Zucker zum Bestäuben	

Mehl, Zucker, Orangenschale und Butter mit Eigelb und Wasser verkneten bis ein fester Teig entsteht. Auf einer leicht bemehlten Fläche zu einem geschmeidigen Teig kneten. 3/4 des Teiges auf Backpapier kreisrund auf etwa 25 cm Durchmesser ausrollen. Das restliche Viertel des Teiges zu einem Rechteck ausrollen. Beide Teigplatten in den Kühlschrank legen. Für die Füllung Apfelkompott in einer kleinen Pfanne mit Zucker und Mehl bestäuben, erhitzen und löffelweise Wasser hinzugeben. Dann aufkochen bis die Mischung eingedickt ist und etwas abkühlen lassen. Vorsichtig die Maulbeeren unterheben und je nach Geschmack nachzuckern. Apfel-Maulbeer-Mischung in eine Auflaufform mit 23 cm Durchmesser geben und die Oberfläche glätten. Den Rand der Form mit dem verquirlten Ei bestreichen. Den Ofen auf ca. 200 °C vorheizen. Den runden Teig über die Auflaufform geben und die Ränder zurechtschneiden. Aus dem rechteckigen Teig mit dem Teigrad etwa 1 cm breite Streifen ausschneiden und zur Verzierung des Teiges nutzen. Teig mit Eiweiß bepinseln, einstechen und großzügig mit Zucker bestreuen. Anschließend etwa 10 Minuten backen, dann die Hitze auf 180 °C herunterschalten und weitere 30 Minuten backen, bis der Kuchen eine goldbraune Färbung annimmt. Aus dem Ofen nehmen und am besten warm servieren.

Wenn keine Maulbeerzeit ist, kann man auch frische Himbeeren verwenden.

Schwarze Maulbeere

Nuss-Honigkuchen

Zutaten:

Teig:	*Für den Zuckerguss:*
4 Eier	*250 g feiner Zucker*
100 g Honig	*1/8 l Wasser*
80 g Mehl	*Saft einer halben Zitrone*
10 g Hefe	
1 TL Zucker	
Milch	
75 g geriebene Nüsse	
Abgeriebene Schale einer halben Zitrone	

Die Hefe wird mit Zucker und etwas lauwarmer Milch angerührt und warm gestellt, damit sie quellen kann. Mehl, Honig und Eigelb mit dem Schneebesen schaumig schlagen. Nüsse, Zitronenschale und die Hefe dazugeben, die Masse gut verrühren, bei Bedarf noch etwas Mehl hinzugeben. Zuletzt schlägt man das Eiweiß steif und zieht es unter. Den Teig streicht man auf ein gefettetes, gemehltes Backblech. Das Ganze etwa 30 Minuten im Ofen aufgehen lassen (bei 50 °C). Der Teig bleibt so lange im Backofen, bis er den doppelten Umfang erreicht hat. Anschließend backt man den Teig bei 200 °C etwa 20 Minuten. Noch warm in viereckige Stücke schneiden, nach Belieben mit gehackten Nüssen bestreuen oder mit einer Zuckerglasur überziehen.

Für die Zuckerglasur wird der Zucker mit Wasser und Zitronensaft gekocht, bis er Fäden zieht, dann abgeschäumt und das Gebäck mit der heißen Glasur überzogen.

Makkaroni-Pudding

Zutaten:

3/4 l Milch
120 g Butter
120 g Zucker
200 g Makkaroni
Abgeriebene Schale einer
halben Zitrone

70 g gestoßene Mandeln
Etwas Bittermandel
2 Messerspitzen Muskat
10 Eier

Milch, Zucker und die Hälfte der Butter zum Kochen bringen, die Makkaroni in Salzwasser weich kochen, abtropfen lassen und dann in die Milch geben. Alles bei geringer Hitze verrühren, bis die Masse steif ist und sich vom Topf löst. Dann wird die übrige Butter, anschließend die Zitronenschale, Mandeln, Muskat sowie die Eigelbe hineingegeben. Die Masse abkühlen lassen. Das Eiweiß steif schlagen und vorsichtig unterheben.

Dazu wird Obstsaft gereicht.

Zitrone

Orangensalat mit Granatapfelkernen

Zutaten:

5 Orangen *1 EL Zitronensaft*
1 Granatapfel *1 EL Zucker*
1/8 l Orangensaft *1 EL Orangenlikör*

Die Orangen schälen, so dass die weiße Haut vollständig entfernt wird. Die Fruchtfilets mit einem scharfen Küchenmesser zwischen den Trennhäuten herausschneiden und dabei den Fruchtsaft auffangen. Orangen- und Zitronensaft, Zucker und Orangenlikör in einem kleinen Topf einmal aufkochen lassen. Die Orangenfilets auf Schälchen verteilen, mit der Sauce übergießen und im Kühlschrank mindestens 1 Stunde ziehen lassen. Den Granatapfel halbieren und die Kerne mit einer Gabel sorgfältig aus den Häutchen lösen. Den Orangensalat zum Servieren mit Granatapfelkernen bestreuen.

Granatapfel

Englischer Eierkuchen mit Äpfeln

Zutaten:

500 g bis 1 kg Äpfel	*1 Päckchen Vanillezucker*
50 g Rosinen	*1 Prise Salz*
1/8 l Milch	*400 g Mehl*
125 g Butter	*4 gestrichene TL Backpulver*
1 - 2 Eier	*Zucker zum Bestreuen*
125 g Zucker	

Apfel

Butter schaumig rühren, nach und nach Zucker, Eier, Vanillezucker und Salz unterrühren, das mit Backpulver gemischte und gesiebte Mehl abwechselnd mit Milch dazugeben und verrühren. Den fertigen Teig auf ein Backblech geben. Äpfel waschen, schälen, vom Kerngehäuse befreien und in Scheiben schneiden, nicht zu dünn. Den Teig dicht und gleichmäßig belegen und mit den Rosinen bestreuen. Die Rosinen zuvor kurz mit heißem Wasser überbrühen. Bei 175 bis 200 °C 30 bis 40 Minuten backen.

ERKLÄRENDE BEGRIFFE

abschäumen	Abschöpfen des Eiweißgemisches auf Fleischbrühen bzw. des Zuckerschaums bei Süßspeisen oder beim Geleekochen.
Baumöl	Olivenöl
Beize	Marinade (frz. 17. Jh. Würztunke), in der man Fisch oder Fleisch einlegt. Eine Rotweinbeize etwa besteht aus Rotwein mit Thymian, Pfefferkörnern, Lorbeerblatt, Pimentkörnern, Petersilienwurzel, Zwiebel und Majoran. Das Ganze wird kurz aufgekocht, über das Fleisch gegeben und muss einige Tage einziehen.
blanchieren	Nahrungsmittel werden kurz mit heißem Wasser übergossen oder in kochendes Wasser eingetaucht.
Bouillon	Frische, durch langes Kochen erzeugte Brühe aus Fleisch, Geflügel oder Gemüse.
Brösen	Brotstückchen
Croqui	Hoden
Farce, Farch	Füllung für Fleisch, Fisch, Geflügel, Pasteten, Gemüse und Gebäck
Fond	Früher für die französischen Köche schlicht eine Bouillon oder Brühe (frz. Grundlage). Als wichtige Essenz einer späteren Saucenkreation oder Suppe enthält sie konzentriert das Aroma der verarbeiteten Teile (Kalb, Geflügel, Wild, Fisch, Gemüse, Trüffel etc.).
Haberwurzeln	Schwarzwurzeln
Jus, Jues	Reinster, meist verfeinerter Bratensaft, der entfettet beim Erkalten geliert und in aspikhafter Würfelform Aufschnitt oder kalten Braten garnieren kann. Ansonsten dient Jus zur Vollendung von Bratensaucen, besonders wenn es sich um edlen Kalbsjus handelt. Manche nennen auch den puren Bratensaft einfach Jus.
Karbonade (frz.)	Auf Kohlen oder Rost gebratenes Fleischstück (meist Rippe), wird heute meist in der Pfanne zubereitet.
Kalkun	Nieren
Küchenkräuter	Petersilie, Schnittlauch etc.

legieren	Mit Flüssigkeit verrührtes Ei oder Eigelb lässt man unter ständigem Rühren in die fertige, nicht mehr kochende Speise einlaufen.
Maggikraut	Liebstöckel
Mehlschwitze	Butter in einer Pfanne erhitzen, Mehl darin anschwitzen, mit Brühe, Bratensaft oder Wein ablöschen.
Neunauge	Bekannt auch als Lamprete, Bricke oder Pricke. Seines runden Maules wegen kein Fisch, sondern ein Rundmaul und damit ein Primitivwirbeltier. Diese Art ist in allen nordischen Gewässern vertreten. Für Gourmets sind Neunaugen aalähnliche Delikatessen. Kleinere, aber kulinarisch wertvollere, nur zum Laichen aufsteigende Flussneunaugen sind heute selten. Aalrezepte können auf Neunaugen übertragen werden. Es bedarf lediglich einer längeren Garzeit.
Pie	Delikate Mixportion voller Würze oder Süße im Teigmantel, manche sagen auch Schüsselpastete im Teigmantel dazu.
Pontac	Südfranzösischer, schwerer Rotwein aus gleichnamiger Stadt.
Rillettes	(altfrz. rille/reille, Fleischstreifen). Gut gewürztes Fleisch in Schmalz eingekocht, früher trockenes oder zähes Fleisch von älteren Tieren.
Savoy-Kohl	Wirsing
Schüssel	Ein Gericht, sowohl Suppe als auch Haschee und Gemüse, wurde so bezeichnet, weil es meist in großen Schüsseln bei Tisch serviert wurde.
spicken	Mageres Fleisch oder auch Fisch entlang der Fleischfaser mit Speckstreifen durchziehen. Wegen des damit verbundenen Saftverlustes zieht man heute das Umwickeln des Fleisches mit Speckscheiben vor.
stoofen, stoven, stowen	Eine Speise in zugedecktem Topf dämpfen, schmoren.
Ziemer	Rückenstück, vor allem vom Wild
Zuckerwurzeln	Zuckerrüben

Dank

Schon seit Längerem bestand die Idee, endlich die kulinarischen Köstlichkeiten an der Tafel der Preußenkönige zum Leben zu erwecken. Aber zunächst blieb es bei gelegentlichem Quellenstudium.

Ohne die bohrenden und nachdrücklichen Erinnerungen von Frau Dr. Gabriele Horn (SPSG) wäre es vielleicht dabei geblieben.

Die Ausstellungsplanung »›schön und nützlich‹ – Brandenburgs Kloster- und Küchengärten« des Museums für Brandenburg-Preußische Geschichte brachte 2003 endlich die Möglichkeit, sich intensiver mit der Thematik zu beschäftigen.

Mein Dank gilt in diesem Zusammenhang vor allem den Mitarbeitern des Geheimen Staatsarchivs PK, vor allem Frau Waltraud Elstner, Frau Sigrun Reinhardt und Herrn Klaus Tempel, die mit ihren Bestandshinweisen neue Einsichten brachten und manche Quellenlücke schlossen.

Herrn Dr. Samuel Wittwer (SPSG) zu verdanken sind neben interessanten Gesprächen wichtige Hinweise zum Geschirr der königlichen Tafel.

Besonders freue ich mich über die Zusammenarbeit mit Frau Marina Heilmeyer, die sich liebevoll mit um die bildliche Ausgestaltung dieses Büchleins gekümmert hat, sowie den Mitarbeitern des Berlin Story Verlags für ihr Engagement und die kunstvolle Gestaltung.

Elisabeth M. Kloosterhuis

QUELLEN

Fassmann, David: Leben und Thaten des Allerdurchlauchtigsten Königs von Preußen Friedrich Wilhelm. Bis auf gegenwärtige Zeit aufgeschrieben. Hamburg und Breslau 1735.

Förster, Friedrich: Friedrich Wilhelm I., König von Preußen. Potsdam 1834.

Haggers, Conrad: Neues Salzburgisches Kochbuch. 1719.

Kloosterhuis, Jürgen (Bearb.): Legendäre »Lange Kerls«. Quellen zur Regimentskultur der Königsgrenadiere Friedrich Wilhelms I., 1713 - 1740. Berlin 2003.

Leuchs, Johann Carl: Lehre der Aufbewahrung und Erhaltung aller Körper, oder wissenschaftliche Anleitung zur Aufbewahrung aller festen und flüssigen Gegenstände; so wie zum Trocknen, Eindünsten, Einsalzen, Einsäuern, Einzuckern, Räuchern, Einbalsamieren; nebst einer Beschreibung der Aufbewahrungsorte und -geräte. Nürnberg 1820. ND Gütersloh 1979.

Ludewig, Johann Peter von: Die von Sr. Koeniglichen Majestaet unserem allergnaedigsten Koenige auf Dero Universitaet Halle, am 14. Juli 1727 neu angerichtete Profession in Oeconomie, Policey und Cammer-Sachen [...]. Halle 1727.

Marperger, Paul Jacob: Vollständiges Küch- und Keller- Dictionarium. Berlin 1716.

Rohr, Julius Bernhard von: Ceremonialwissenschaft der großen Herren. Berlin 1733.

Scheibler, A. W.: Vollständiges Küchen-Zettel-Buch für alle Tage des Jahres, für Mittag und Abend, mit Berücksichtigung der Jahreszeiten. Berlin 1832.

Scheibler, Sophie Wilhelmine. Allgemeines Deutsches Kochbuch für alle Stände. Berlin 1815.

Schellhammer, Marie-Sophie: Das brandenburgische Kochbuch oder: Die wohl unterwiesene Köchin. Berlin 1712. (1. Aufl. 1682). ND Rostock 1889.

Singstock, G. E.: Gründlicher Unterricht in der Kochkunst für alle Stände. Berlin 1812.

Vehse, Carl Eduard: Die Höfe zu Preußen. Von Kurfürst Joachim II. Hector bis König Friedrich Wilhelm I. 1535 bis 1740. Leipzig 1851. ND 1993.

Weber, Karl von: Aus vier Jahrhunderten. Mitteilungen aus dem Haupt-Staatsarchive zu Dresden. Dresden 1861. S. 97 - 158.

Wilken, Friedrich: Zur Geschichte von Berlin und seinen Bewohnern unter der Regierung des Königs Friedrich Wilhelm I. In: Historisch-Genealogischer Kalender auf das Gemein-Jahr 1823. Hrsg. von der königlich Preußischen Kalender Deputation. Berlin o. J. S. 1 - 264.

LITERATUR

Abel, Wilhelm: Wandlungen des Fleischverbrauchs und der Fleischversorgung in Deutschland seit dem ausgehenden Mittelalter. In: Berichte über Landwirtschaft. In: Zschr. f. Agrarpolitik und Landwirtschaft. NF 22 (1917) S. 411 - 452.

Albertini, Hans-Joachim von: Maß und Gewicht. Geschichten und tabellarische Darstellung von den Anfängen bis zur Gegenwart. Berlin 1957.

Andressen, B. Michael: Barocke Tafelfreuden. Tischkultur an Europas Höfen. Niederhausen/Ts 2001.

Backschat, Friedrich (1): Die Ökonomie am Hofe Friedrich Wilhelms I. und Friedrich des Großen. In: Mitteilungen des Vereins für die Geschichte Potsdams NF Bd. VI. Heft 4. Nr. 335. Potsdam 1931.

Backschat, Friedrich (2): Hofküche und Hofkellnerei unter Friedrich Wilhelm I. In: Sonderdruck aus der Messenummer der Berliner Gaststättenzeitung vom 14. 3. 1925.

Bartoschek, Gert u. a. (Hrsg.): Friedrich Wilhelm I. Der Soldatenkönig als Maler. Ausstellung 1990. Orangerie Sanssouci. Berlin 1990.

Beck, Friedrich; Schoeps, Julius H. (Hrsg): Der Soldatenkönig. Friedrich Wilhelm I. in seiner Zeit. Potsdam 2002.

Benker, G.: In alten Küchen. Einrichtung-Geräte-Kochkunst. München 1987.

Biester: Berlinische Monatsschrift 26 (Dessau 1795) S. 294 - 311.

Birlinger, Anton (1): Zur alten Küchensprache. In: Alemannia 6 (1878) S. 42 - 48.

Birlinger, Anton (2): Älteres Küchen- und Kellerdeutsch. In: Alemannia 18 (1890) S. 244 - 267.

Blasius, A.: Fasten, -zeiten. In: LexMA. Bd. 4. Sp. 304f.

Bieritz, Karl-Heinrich: Das Kirchenjahr. Feste, Gedenk- und Feiertage in Geschichte und Gegenwart. 6. Aufl. München 2001.

Davidis, Henriette: Die Hausfrau. Praktische Anregungen zur selbständigen und sparsamen Führung des Haushalts. 2. Aufl. Leipzig 1863.

Della Beffa, Maria Teresa: Kräuter. Küchen-, Heil- und Duftkräuter. Klagenfurt 2000.

Der alte Dessauer. Ausstellung zum 200. Todestag. Dessau 1997.

Ehlert, Trude: Das Kochbuch des Mittelalters. Düsseldorf 2000.

Elias, Norbert: Die höfische Gesellschaft. Frankfurt/M. 1983.

Habs, R.; Rosner, L. (Hrsg.): Appetit-Lexikon. Ein alphabetisches Hand- und Nachschlagebuch über alle Speisen und Getränke. Zugleich Ergänzung eines jeden Kochbuchs. Wien 1894. ND Badenweiler 1997.

Haseder, Ilse; Stingelwanger, Gerhard: Knaurs großes Jagdlexikon. Augsburg 2000.

Heinz, Stefan: »...auf der Reiherbeize alle betrüblichen Gedanken aus dem Sinn schlagen.« Jagd am Hof Friedrichs I. In: Preußen 1701. S. 72ff.

Hinrichs, Carl: Friedrich Wilhelm I. König in Preußen. Eine Biographie. Jugend und Aufstieg. Darmstadt 1974.

Felder, Günther: Europäische Esskultur. Geschichte der Ernährung von der Steinzeit bis heute. Frankfurt/New York 2001.

Hollender, Silke: Der Neue Garten in Potsdam. Amtlicher Führer der SPSG. Berlin 1994.

Jüttners, Guido; Heilmeyer, Marina: Heilkräuter und Früchte für die Hofapotheke in Berlin. In: Schön und nützlich. S. 80 - 86

Kammerhofer-Aggermann, Ute: Imaginäre Modelle der Vergangenheit. Gesellschaftliche und kulinarische Fiktionen in Kochbüchern der Vergangenheit und Gegenwart. http://www.sbg.ac.at/mahl199/kurzreferate/kammerhofer.htm.

Keisch, Christiane: Das große Silberbuffet. Aus dem Rittersaal des Berliner Stadtschlosses. Berlin 1997.

Kolb, Annette (Hrsg.): Eine preußische Königstochter. Glanz und Elend am Hofe des Soldatenkönigs in den Memoiren der Markgräfin Wilhelmine von Bayreuth. 1910. Neu hrsg. von Ingeborg-Weber-Kellermann. Frankfurt/M. 1981.

Mahlzeit. Speisen und Esskultur im spätmittelalterlichen Coburg. Katalog zur Ausstellung des Stadtmuseums Coburg. Coburg 2003.

Methler, Eberhard und Walter: Von Henriette Davidis bis Erna Horn. Biographie- und Sammlungskatalog hauswirtschaftlicher Literatur mit Anmerkungen zur Frauenfrage. Wetter/Ruhr 2001. (Veröffentlichungen des Henriette Davidis Museums 9).

Müller-Lubitz, Anna: Alte Hof- und Klosterküche. Frankfurt/M. und Leizig o. J.

Neumann, Hans-Joachim: Friedrich Wilhelm I. Leben und Leiden des Soldatenkönigs. Berlin 1993.

Oestreich, Gerhard: Friedrich Wilhelm I. Preußischer Absolutismus, Merkantilismus, Militarismus. Frankfurt/Zürich 1977.

Olbrich, Hubert: Die Kochbuchautorin Wilhelmine Scheibler, der Chemiker Karl Scheibler und ihre Familie. In: Der Herold. Bd. 16, Heft 9/10 46 (2003) S. 220 - 245 und 289 - 306.

Otto, Manfred: Berliner Küche. Berlin 1981.

Ottomeyer, Hans; Völkel, Michaela (Hrsg.): Die öffentliche Tafel. Tafelzeremoniell in Europa 1300-1900. Berlin 2002.

Peschke, H.-P. u. a.: Das Kochbuch der Renaissance. Düsseldorf 1997.

Pini, Udo: Das Gourmethandbuch. Köln 2000.

Preußen, Friedrich Wilhelm Prinz von u. a. (Hrsg.): »...solange wir zu zweit sind«. Friedrich der Große und Wilhelmine Markgräfin von Bayreuth in Briefen. München 2003.

Priesdorff, Kurt von: Soldatisches Führertum. Bd. 1. Hamburg o. J.

Rösener, Werner: Die Geschichte der Jagd. Kultur, Gesellschaft und Jagdwesen im Wandel der Zeit. Düsseldorf/Zürich 2004.

Schilling, Heinz (1): Europa um 1700. Eine Welt der Allianzen und eine Hierarchie der Dynastien. In: Preußen 1701. Eine europäische Geschichte. Bd. II. Essays. Berlin 2001. S. 13 - 30.

Schilling, Heinz (2): Höfe und Allianzen. Deutschland 1648 - 1763. Berlin 1989.

Seymour, J.: Vergessene Haushaltstechniken. Ravensburg 1988.

Sinn, Dieter und Renate: Der Alltag in Preußen. Frankfurt/M. 1991.

Sommer, Claudia: Zur Geschichte und Nutzung des Schlosses Königswusterhausen. In: Beck; Schoeps: der Soldatenkönig. S. 231 - 248.

Stamm-Kulmann, Thomas: Der Vater in den Nöten seines Dienstes. In: Beck; Schoeps: der Soldatenkönig. S. 315 - 336.

Stollberg-Rilinger, Barbara (1): Höfische Öffentlichkeit. Zur zeremoniellen Selbstdarstellung des brandenburgischen Hofes vor dem europäischen Publikum. In: Forschungen zur Brandenburg-Preußischen Geschichte NF 7 (1997) S. 145 - 176.

Stollberg-Rilinger, Barbara (2): Zeremoniell und Kritik. Zeremoniell, Ritual, Symbol. Neue Forschungen zur symbolischen Kommunikation in Spätmittelalter und früher Neuzeit. In: ZHF 27 (2000) S. 389 - 413.

Trebes, Klaus: Wo der Pfeffer wächst. Leipzig 2003.

Vaupel, Elisabeth: Gewürze. Acht kulinarische Portraits. München 2002.

Venohr, Wolfgang: Der Soldatenkönig. München o. J.

Verdenkalven, Fritz (Bearb.): Alte Maße, Münzen und Gewichte aus dem deutschen Sprachgebiet. Neustadt/Aisch 1968.

Verk, Sabine u. a.: Geschmackssache. Kochbücher aus dem Museum für Volkskunde. Berlin 1995.

Volz, Gustav Berthold u. a. (Hrsg.): Friedrich der Große und Wilhelmine von Bayreuth. Leipzig 1924.

Wimmer, Clemens A.: Die Geheimnisse des Neuen Gartens. Friedrich Wilhelm II., ein ungewöhnlicher Bauherr. In: Bau- und Gartenkunst vom 17. bis 20. Jahrhundert. Hrsg. von der SPSG. Potsdam 1993. S. 164 - 171.

Wiswe, H.: Kulturgeschichte der Kochkunst. Kochbücher und Rezepte aus zwei Jahrtausenden mit einem lexikalischen Anhang zur Fachsprache von E. Hepp. München 1970.

ABBILDUNGSNACHWEIS

Archiv und Foto Marina Heilmeyer: 57, 59, 60, 77, 82, 93, 97, 98, 99, 101, 106, 112, 113, 114; Bordeaux Musée des Beaux-Arts, © Cliché du M.B.A. de Bordeaux/photographe Lysiane Gauthier: 37; Botanischer Garten und Botanisches Museum Berlin: 110 (Foto M. Heilmeyer); bpk/Kunstgewerbemuseum, SMB: 17; Friedrich Förster: Friedrich Wilhelm I., König von Preußen. Potsdam 1834: 8 (2); Friedrich Förster: Leben und Thaten Friedrich's des Großen, Königs von Preußen. Meißen 1840: 22; Geheimes Staatsarchiv Preußischer Kulturbesitz: 44/45, 47, 50/51, 52/53; Andrea Glorez, Neu geordnete Haus- und Landbibliothek, 1719, Bücherei des Deutschen Gartenbaues, Berlin: 66, 70, 71, 73, 74, 85, 86, 87, 91, 108; Kunstsammlungen und Museen Augsburg (Ausschnitte aus Rachel Ruysch, Stillleben mit Blumen und Früchten, 1714): Umschlagabbildung, 2, 6, 32, 54; Potsdam Museum 23 (2); Stiftung Preußische Schlösser und Gärten Berlin-Brandenburg/Foto Jörg P. Anders: 19, 21, 27, /Foto SPSG: 11, /Foto Klaus Bergmann: 13, 39, /Foto Roland Handrick: 28/29, /Foto Wolfgang Pfauder: 31

ANMERKUNGEN

1 Kolb, S. 125.
2 Stamm-Kuhlmann, S. 315ff.
3 Ludewig, S. 158 u. a.
4 Elias, S. 178 - 223.
5 Schilling, S. 17.
6 Stollberg-Rilinger (1), S. 145 - 176. Stollberg-Rilinger (2), S. 389 - 413.
7 Rohr.
8 Andressen, S. 10.
9 Allgemein Ottomeyer, S. 94ff.
10 Vehse, S. 132ff, 143 u. a.
11 Vehse, S. 187 und 223.
12 Hahn, S. 96.
13 Hahn, S. 68ff.
14 Hinrichs, S. 62ff. Oestreich, S. 44ff.
15 Schilling (2), S. 368ff.
16 Venohr, S. 331f.
17 GStA PK, I. HA Geheimer Rat, Rep. 36 Hof- und Güterverwaltung, Nr. 1141.
18 Hinrichs, S. 72.
19 Backschat (2).
20 Backschat (1), S. 266.
21 Hinrichs, S. 54ff.
22 GStA PK, I. HA Geheimer Rat, Rep. 36 Hof- und Güterverwaltung, Nr. 1143, 1144. Zur Umrechnung der Löhne und Preise im 18. Jahrhundert vgl. Sinn, S. 131 - 137.
23 Habs, S. 103.
24 Vgl. GStA PK, I. HA Geheimer Rat, Rep. 36 Hof- und Güterverw., Nr. 1239, 1240, 1242-44, u. a.
25 Weber, S. 111ff.
26 Backschat (1), S. 272.
27 Backschat (2).
28 Fassmann, S. 173 - 177, 204, 379ff, 400.
29 Vehse, S. 205.
30 Keisch, S. 179ff.
31 Fassmann, S. 204.
32 Fassmann, S. 865
33 Wilken, S. 50.
34 Fassmann, S. 864.
35 Fassmann, S. 865.
36 GStA PK, I. HA Rep. 94 Kleine Erwerbungen, IV KA 1.
37 Backschat (1), S. 275.
38 Fassmann, S. 862. Hundsbichler, Sp. 305f.
39 GStA PK, I. HA Rep. 94 Kleine Erwerbungen, IV KA 1.
40 Fassmann, S. 881.
41 Förster, S. 202.
42 Backschat (1), S. 278. Für 1 Ohm (= 137,40 l) zahlte man 35 bis 45 Taler, für ältere Jahrgänge entsprechend mehr. Als Lieferanten dienten die Firmen Jacob Meinertshagen und Söhne in Köln, der Kaufmann Günther aus Frankfurt sowie die Witwe von Ackern aus Dinslaken.
43 GStA PK, I HA, Rep 36, Geheimer Rat, Hof- und Güterverwaltung, Nr. 1140.
44 Kloosterhuis, S. 253ff.
45 GStA PK, I. HA Geheimer Rat, Rep. 36 Hof- und Güterverwaltung, Nr. 1137.
46 Otto, S. 15.
47 Backschat (1), S. 273.
48 Backschat (2).
49 Backschat (1), S. 273. Priesdorff, Bd. 1. 124ff.
50 GStA PK, I. HA Geheimer Rat, Rep. 36 Hof- und Güterverwaltung, Nr. 1136.
51 GStA PK, I. HA Geheimer Rat, Rep. 36 Hof- und Güterverwaltung, Nr. 1136.
52 Vehse, S. 269.
53 Heinz, S. 72ff. Haseder, S. 581ff und S. 644ff.
54 Kloosterhuis, S. 249f. Das Dorf Wusterhausen wurde seit etwa 1718 zunehmend auch Königs Wusterhausen genannt. Beide Ortsnamen werden in diesem Buch synonym gebraucht.
55 Bei knapp 100 g Gewicht wurden für die königliche Tafel Hunderte gefangen und zubereitet. zu den Hintergründen vgl. Haseder, S. 472 und 165.
56 Fassmann, S. 880.
57 Fassmann, S. 887.
58 Backschat (2).
59 Neumann, S. 121ff. Dazu zählten Herzinsuffizienz und Phlegmone (eitrige Gewebsentzündung).
60 Fassmann, S. 858.
61 GStA PK, I HA Geheimer Rat, Rep. 36 Hof- und Güterverwaltung, Nr. 1261.
62 Hirschfelder.
63 Birlinger (1), S. 42 - 48. Birlinger (2), S. 244 - 267.
64 Förster, S. 179.
65 Kammerhofer-Aggermann.
66 Literaturliste bei Ehlert, S. 236ff.
67 Verk, S. 13f.
68 So kann Haggers als Zeugnis prunkvoller Hofhaltung der salzburgischen Fürstbischöfe gelten.
69 Methler, S. 459 - 466.
70 Verk.

71 So etwa SINGSTOCK. Singstock war vormals Küchenmeister des »hochseligen Prinzen Heinrich von Preußen« gewesen und verfügte über 30 Jahre Berufserfahrung.
72 ALBERTINI. VERDENKALVEN.
73 ABEL, S. 411 - 452.
74 GStA PK, I HA Geheimer Rat, Rep. 36 Hof- und Güterverwaltung, Nr. 1051.
75 PINI, S. 418, 468f.
76 OTTO, S. 15.
77 PESCHKE, S. 30.
78 VAUPEL, S. 35.
79 Mahlzeit. S. 14ff.
80 DELLA BEFFA, S. 6ff.
81 TREBES, S. 9, 69.
82 JÜTTNERS. S. 80 - 86, hier S. 85.
83 GStA PK, I HA Geheimer Rat, Rep. 36 Hof- und Güterverwaltung, Nr. 784.
84 BARTOSCHEK. S. 17.
85 BENKER.
86 SEYMOUR, S. 21ff.
87 LEUCHS.
88 PESCHKE, S. 26.
89 HOLLENDER. WIMMER, S. 164 - 171.
90 GStA PK, I HA Geheimer Rat, Rep. 36 Hof- und Güterverwaltung, Nr. 1237ff.
91 GStA PK, I. HA Rep. 94 Kleine Erwerbungen, IV KA 1.
92 GStA PK, I. HA Geheimer Rat, Rep. 36 Hof- und Güterverwaltung, Nr. 1253. Memorialschreibwerk („Numero 2 post crucis. Tage-Zettel bey der Königl[ich] Preuß[ischen] Reise-Küche in Wusterhausen, Freitages, den 8. Sept[embris] 1719", Direktschrift, gez. Reise-Küchenschreiber Ernst Reuter). 1 Bogen 2°, S. 1 - 3 beschriftet. Die rubrizierte Liste führt in den zwei rechten Randspalten in der Regel Pfund- und Stückangaben für die jeweiligen Speisen auf, einmal wahrscheinlich auch die Mengenbezeichnung „Stiege" (20 Stück).
93 Graf Alexander Golowkin, seit 1713 als Kaiserlich Russischer Gesandter am preußischen Hof akkreditiert und von Friedrich Wilhelm I. auch persönlich sehr geschätzt; vgl. Bernhard von Köhne: Berlin, Moskau, St. Petersburg 1649 – 1763. Ein Beitrag zur Geschichte der freundschaftlichen Beziehungen zwischen Brandenburg-Preußen und Russland, Berlin 1882, S. 80 ff.
94 [Vom Reise-Mundkoch] Hartmann [Gesche zubereitet]; vgl. Adresscalender der Königlich Preußischen Haupt- und Residenzstädte Berlin und des daselbst befindlichen Königlichen Hofes, Berlin 1719, S. 12f.
95 GStA PK, I. HA Geheimer Rat, Rep. 36 Hof- und Güterverwaltung, Nr. 1253; vgl. dazu die Abschrift auf S. 48.
96 GStA PK, I. HA Geheimer Rat, Rep. 36 Hof- und Güterverwaltung, Nr. 1137.
97 GStA PK, I. HA Geheimer Rat, Rep. 36 Hof- und Güterverwaltung, Nr. 1263.

QUELLENANGABEN ZU DEN ZITATEN IM HAUPTTEXT

i *Essen für Friedrich vom 14. Februar 1730;* GStA PK, I. HA Geheimer Rat, Rep. 36 Hof- und Güterverwaltung, Nr. 1265.
ii Ezechiel Spanheim, außerordentlicher Abgesandter des brandenburgischen Kurfürsten am Hofe Ludwig XIV.; Andressen: *Barocke Tafelfreuden.* S. 81.
iii *Leben und Thaten des allerdurchlauchtigsten und großmächtigen Königs von Preußen Friedrich Wilhelms. Biß auf gegenwärtige Zeit aufrichtig beschrieben.* Von David Fassmann. Homberg und Breslau 1735. S. 379.
iv Fassmann: *Friedrich Wilhelm.* S. 864.
v Fassmann: *Friedrich Wilhelm.* S. 863.
vi Fassmann: *Friedrich Wilhelm.* S. 379.
vii Fassmann: *Friedrich Wilhelm.* S. 863.
viii Fassmann: *Friedrich Wilhelm.* S. 864.
ix Fassmann: *Friedrich Wilhelm.* S. 858.
x *Sentiment von Fürtrefflichkeit, Unterrscheid, Nutzen und Wirkung des Rhein-Weins, nebst einer Mehtode, wie selbiger in allen Kranckheiten, zum kräfftigsten Praeservativ, an statt warmer Baeder und Sauerbrunnen zu gebrauchen sey: Und einem Anhange unterschiedener annoch unbekannter Wein-Künste.* Magdeburg 1709. ND Lindau 1977. S. 1.
xi Fassmann: *Friedrich Wilhelm.* S. 867.
xii Fassmann: *Friedrich Wilhelm.* S. 865.
xiii Fassmann: *Friedrich Wilhelm.* S. 893.
xiv Fassmann: *Friedrich Wilhelm.* S. 882.
xv Fassmann: *Friedrich Wilhelm.* S. 865.

REGISTER DER REZEPTE

Biersuppe 58
Boef à la Mode 75
Braune Sardellensauce 101
Eier in Kapern-Sud 100
Eiersauce mit Sahne. 105
Englischer Eierkuchen mit Äpfeln . . . 114
Entensuppe mit Teltower Rübchen . . .60
Erbspüree 95
Erdbeer-Rhabarber-Kompott 107
Fasan auf Sauerkraut 87
Fleisch in Papierhülle. 82
Gebratene Austern 72
Gedünstete Maronen 89
Gestowter Kopfsalat. 92
Grünkohl. 94
Hammelzungen in Biersauce 76
Haschee vom Hasen
    mit Zucker, Zitrone und Wein 88
Hecht mit Mandeln 73
Hispanische Pastete 64
Hopfensprossen. 93
Hühnerfrikassee. 79
Hühner-Lauch-Pastete 63
Kalbsbraten mit Artischocken. 78
Karpfen polnische Art 74
Klare Suppe mit Fleisch. 56
Krebse. 71
Krebssauce à l'Anglaise 104
Krebstorte 68
Lachs in Krabbensauce. 69

Makkaroni in Pfifferlingsauce. 97
Makkaroni-Pudding. 112
Mandel-Kuchen. 108
Marinierte Neunaugen. 70
Maronenpüree. 91
Maulbeer-Apfel-Kuchen 109
Möhren-Gemüse 98
Nuss-Honigkuchen. 111
Ochsenschwanzsuppe. 59
Ochsenzunge 77
Orangensalat mit Granatapfelkernen. . 113
Radieschensuppe 57
Ragout aus Wildresten 86
Rehrücken mit Kirschmus 83
Salatsauce 106
Sauce Hollandaise 104
Sauerampfer. 96
Schinkenbraten 80
Schweine-Rillettes 67
Trüffel in Blätterteig. 62
Trüffelsauce. 105
Weinsauerkraut 90
Weiße Rüben mit Hammelfleisch. . . . 99
Weiße Sardellensauce. 103
Wildente mit Bratäpfeln 84
Wildpastete 65
Wildschweinbraten mit Apfelsinen . . . 85
Wildsuppe 61
Zuckerbirnen mit Bratwurst. 81
Zwiebelsauce zu gekochtem Fleisch. . 102

BERLIN STORY VERLAG
Unter den Linden 26, 10117 Berlin

NEUNUNDSECHZIG JAHRE AM PREUSSISCHEN HOFE
AUS DEN ERINNERUNGEN DER OBERHOFMEISTERIN SOPHIE MARIE GRÄFIN VON VOSS
352 Seiten, 12,5 x 20,5 cm, 19,80 €
ISBN 978-3-86855-009-2

Sophie Marie Gräfin von Voss (1729-1814) lebte fast sieben Jahrzehnte am preußischen Hof und begleitete als Oberhofmeisterin Königin Luise von deren Hochzeit bis zur Stunde ihres Todes. Sie erlebte ganze Epochen preußischer Geschichte – vom Soldatenkönig über Friedrich den Großen, Friedrich Wilhelm II. bis zu Friedrich Wilhelm III.
In ihren privaten Aufzeichnungen nimmt sie kein Blatt vor den Mund. Offen beschreibt sie Stärken und Schwächen der Mitglieder der königlichen Familie, der europäischen Kaiser und Zaren.

Anton Friedrich Büsching
Gerd-H. Zuchold (Hg.)

BERLIN, POTSDAM, BRANDENBURG 1775
BESCHREIBUNG SEINER REISE NACH RECKAHN
760 Seiten, 12 x 19 cm, 41,00 €
ISBN 978-3-929829-37-2

Das bedeutendste Werk über Berlin und Brandenburg aus der späteren Zeit Friedrichs des Großen – phantastisch anschaulich erzählt, ein preußischer Vorläufer des Weltalmanachs. Es ist das gelungene Beispiel einer damals jungen Wissenschaft, die Büsching mitbegründete – die statistische Geographie. Diese wertvolle historische Quelle wird hier erstmals seit 226 Jahren aufgelegt und aufwendig kommentiert.
»Ein ideales Nachschlagewerk zur Geschichte Berlins und Brandenburgs im ausgehenden 18. Jahrhundert.« (Brandenburger Woche)

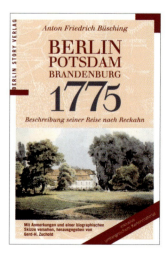

BERLIN STORY VERLAG
Unter den Linden 26, 10117 Berlin

Anja Knott (Hg.)
KAISERS KOCHBUCH
LECKEREIEN AUS DER BACK- UND SÜSSSPEISEN-KÜCHE VON RUDOLF KARG
106 Seiten, 17 x 24 cm, 14,95 €
ISBN 978-3-929829-77-8

Dieses »illustrierte Handbuch für Köche, Konditoren und Hausfrauen« ist auch für Hausmänner geeignet und entführt Sie in die wunderbare Welt der kaiserlichen Genüsse. Früchte, Cremes, Pasteten, Bisquits, Kuchen, Torten: mehr als 250 ausgesuchte Rezepte des Mundkochs Seiner Majestät, Rudolf Karg, laden Sie ein zu einem wahrhaft kaiserlichen Koch- und Backvergnügen.

Persönliche Empfehlungen des Mundkochs und zahlreiche Abbildungen ergänzen diesen Band zu einem ebenso schönen wie praktischen Rezeptbuch zum Nachkochen und Genießen.

BERLIN 1704
ALT BERLIN. ALT CÖLLN. FRIEDRICHS WERDER – MENSCHEN, HÄUSER, STRASSEN, GESCHICHTEN 1704 – 2007
ca. 700 Seiten, 12,5 x 20,5 cm, ca. 41,00 €
ISBN 978-3-929829-50-1

Schon vor 300 Jahren ein Verkaufsschlager: Der erste Berliner »Adreß-Calender« kam im März 1704 auf Markt. »Eine Art Mittelding zwischen wirklichem Kalender, Staatshandbuch und Adreßbuch«, so Ludwig Geiger in seiner Kulturgeschichte Berlins.
Neu gesetzt und umfangreich kommentiert ist dieses Buch eine unersetzliche Quelle für die Stadtgeschichte – und gleichzeitig ein wunderbares Buch zum Schmökern über Menschen, Häuser, Straßen und Geschichten im Berliner Leben vor 300 Jahren.

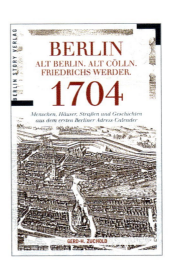

ERSCHEINT IM HERBST 2009

ALLES ÜBER BERLIN

Bücher (3000 Titel)	*Books (300 in English)*
Reiseführer in 12 Sprachen	*Guides in 12 languages*
CDs · DVDs · Videos	*CDs · DVDs · Videos (PAL&NTSC)*
Poster · Souvenirs · T-Shirts	*Posters · Souvenirs · T-Shirts*
Original Mauersteine	*Authentic Pieces of the Wall*
Pläne, neu & historisch	*Maps, new & historical*

FILM »THE MAKING OF BERLIN«

25-Minuten-Film über Berlin	*25 minute film, history and sights*
(Eintritt frei)	*(free admission)*

AUSSTELLUNG

Historisches Berlin	*Historic Berlin*
Drittes Reich	*Third Reich*
Mauer	*The Wall*
Berlin heute	*Berlin today*

TÄGLICH 10-20 UHR, AUCH AM SONNTAG
DAILY 10 A.M.-8 P.M., OPEN ON SUNDAYS

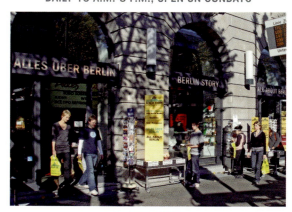

BERLIN STORY
Wieland Giebel GmbH
Unter den Linden 26, 10117 Berlin
Tel.: 030/20 45 38 42 · Fax: 030/20 45 38 41
E-Mail: Service@BerlinStory.de

WWW.BERLINSTORY.DE